日本商工会議所主催 簿記検定試験

検定 簿記ワークブック

1級

渡部裕亘
片山　覚 ［編著］
北村敬子

級

商業簿記・会計学 下巻

中央経済社

■検定簿記ワークブック　編著者・執筆者一覧

巻編成		編者（太字は主編者）		執筆者	
1級	商業簿記・会計学 上巻	渡部　裕亘（中央大学名誉教授） 片山　覚（早稲田大学名誉教授） **北村　敬子**（中央大学名誉教授）	北村　敬子	石川　鉄郎（中央大学名誉教授） 川村　義則（早稲田大学教授） 藤木　潤司（龍谷大学教授） 菅野　浩勢（早稲田大学准教授） 中村　英敏（中央大学准教授）	
	商業簿記・会計学 下巻	渡部　裕亘（中央大学名誉教授） 片山　覚（早稲田大学名誉教授） **北村　敬子**（中央大学名誉教授）	北村　敬子	石川　鉄郎（中央大学名誉教授） 小宮山　賢（早稲田大学教授） 持永　勇一（早稲田大学教授） 川村　義則（早稲田大学教授） 藤木　潤司（龍谷大学教授） 中村　英敏（中央大学准教授） 小阪　敬志（日本大学准教授）	
	工業簿記・原価計算 上巻	**岡本　清**（一橋大学名誉教授 東京国際大学名誉教授） 廣本　敏郎（一橋大学名誉教授）	廣本　敏郎	鳥居　宏史（明治学院大学名誉教授） 片岡　洋人（明治大学教授） 藤野　雅史（日本大学教授）	
	工業簿記・原価計算 下巻	**岡本　清**（一橋大学名誉教授 東京国際大学名誉教授） 廣本　敏郎（一橋大学名誉教授）	廣本　敏郎	尾畑　裕（明治学院大学教授） 伊藤　克容（成蹊大学教授） 荒井　耕（一橋大学大学院教授） 渡邊　章好（東京経済大学教授）	
2級	商業簿記	**渡部　裕亘**（中央大学名誉教授） 片山　覚（早稲田大学名誉教授） 北村　敬子（中央大学名誉教授）	渡部　裕亘	三浦　敬（横浜市立大学教授） 増子　敦仁（東洋大学准教授） 石山　宏（山梨県立大学教授） 渡辺　竜介（関東学院大学教授） 可児島達夫（滋賀大学准教授）	
	工業簿記	岡本　清（一橋大学名誉教授 東京国際大学名誉教授） **廣本　敏郎**（一橋大学名誉教授）	廣本　敏郎	中村　博之（横浜国立大学教授） 簗本　智之（小樽商科大学教授） 挽　文子（元一橋大学大学院教授） 諸藤　裕美（立教大学教授） 近藤　大輔（法政大学教授）	
3級	商業簿記	渡部　裕亘（中央大学名誉教授） **片山　覚**（早稲田大学名誉教授） 北村　敬子（中央大学名誉教授）	片山　覚	森田　佳宏（駒澤大学教授） 川村　義則（早稲田大学教授） 山内　暁（早稲田大学教授） 福島　隆（明星大学教授） 清水　秀輝（羽生実業高等学校教諭）	

ま　え　が　き

　本書は，主として，日本商工会議所と各地商工会議所が主催する簿記検定試験（通称，日商簿記検定試験）1級を受験しようとする方たちの実力養成を目的として，執筆されたものである。

　商業簿記の学習では，取引の仕訳から財務諸表の作成までの計算技術を学び，その背景にある会計理論を取り上げるのが会計学である。そのため，これまでのワークブックは，商業簿記と会計学とを2分冊にして刊行していたが，読者の便宜のためには，この2冊を会計の領域別にまとめて出版したほうがよいとの判断に基づき，上巻において，財務諸表作成までの一般的な会計分野を，下巻において，金融商品，退職給付，企業結合等の特別な会計領域を取り上げている。

　姉妹書である『検定簿記講義』も同じ構成になっている。『検定簿記講義』が当該領域の要点や概略を説明した教科書タイプの書物であるのに対し，このワークブックは，練習問題中心の練習帳タイプの書物である。

　したがって，本書の利用にあたっては，『検定簿記講義』も併せて参考にしながら，本書の問題を電卓と筆記用具を使って，自分の力で解いてみるとよいであろう。本書は，日商簿記検定試験の出題区分表に準拠し，また最近の出題傾向にも配慮して編集されている。そのため，解答でわかりにくいと思われる箇所については，解説が示されている。1つ1つ着実に解いていくことにより，必ずや1人でも納得のいく学習ができるように配慮している。

　最後に，『検定簿記講義1級』に続いて，このワークブックを執筆していただいた先生方に心からお礼を申し上げるとともに，本書で学習されている方々が日商簿記検定試験に合格され，さらには税理士試験や公認会計士試験にも挑戦されて，各方面で活躍されることを祈っている。

　2024年2月

編　著　者

〔問題編〕

〔解答編〕　別 冊　（取りはずし式）

検定簿記ワークブック1級 商業簿記・会計学 上巻　目次

〔問題編〕

〔解答編〕　別 冊　（取りはずし式）

当社ホームページに本書に関する情報を掲載しておりますので，ご参照ください。

「簿記ワークブック」で検索！

🔍 簿記ワークブック　検索

検定簿記ワークブック

1級 商業簿記・会計学

下巻 〔問題編〕

第 1 章
金融商品会計

学習のポイント

金融資産・金融負債の範囲，発生および消滅の認識

1 金融資産・金融負債の範囲

(1) 金融資産：現金預金，金銭債権（受取手形，売掛金，収益認識に関する契約資産および貸付金等），有価証券（株式その他の出資証券および公社債等）およびデリバティブ取引（先物取引，先渡取引，オプション取引，スワップ取引およびこれらに類似する取引）により生じる正味の債権等

(2) 金融負債：金銭債務（支払手形，買掛金，借入金および社債等）およびデリバティブ取引により生じる正味の債務等

2 発生の認識

金融資産の契約上の権利または金融負債の契約上の義務を生じさせる契約を締結したときは，原則として，当該金融資産または金融負債の発生を認識しなければならない。主要な契約の発生の認識は次のとおりである。

(1) 有価証券の売買契約：「約定日基準または修正受渡日基準」（約定日から受渡日までの期間が市場の規則・慣行に従った期間である場合）または「受渡基準」（上記以外の契約条件の場合）で発生を認識（なお，受渡基準を適用する場合，約定日から受渡日までは，先渡契約として権利・義務を認識する）

(2) 貸付金および借入金：資金の貸借日に発生を認識

(3) デリバティブ取引：契約の締結時に発生を認識

(4) 商品の売買等の対価：商品等の受渡し完了時に金銭債権債務の発生を認識

3 消滅の認識

(1) 金融資産の消滅の認識

① a. 金融資産の契約上の権利を行使したとき，b. 権利を喪失したとき，または c. 権利に対する支配が他に移転したとき

② 支配の移転

財務構成要素アプローチの採用：金融資産を構成する財務的要素に対する支配が他に移転した場合に移転した財務構成要素のみの消滅を認識（留保される財務構成要素は認識を継続）

(2) 金融負債の消滅の認識

a. 金融負債の契約上の義務を履行したとき，b. 義務が消滅したとき，または c. 第一次債務

者の地位から免責されたとき

(3) 金融資産・金融負債（またはその一部）の消滅時の会計処理

① 帳簿価額と対価の受払額との差額を当期損益として認識

② 一部の消滅の場合は，消滅部分と残存部分の時価の比率により帳簿価額を按分

③ 消滅により新たに生じた金融資産・金融負債は時価で認識

金融資産・金融負債の貸借対照表価額

1 債権（受取手形等）の貸借対照表価額

(1) 債権金額と異なる価額で取得しその差額の性格が金利の調整である場合，償却原価法に基づく価額から貸倒引当金を控除した金額

(2) 取得価額から貸倒引当金を控除した金額で評価

2 有価証券

(1) 有価証券の貸借対照表価額

① 売買目的有価証券：時価で評価（評価差額は損益計算書に計上）

② 満期保有目的の債券：取得原価または償却原価で評価

③ 子会社株式および関連会社株式：取得原価で評価

④ その他有価証券：時価で評価（評価差額は全部純資産直入法または部分純資産直入法で処理）

⑤ 市場価格のない株式等

取得原価をもって貸借対照表価額とする。

(2) 有価証券の保有目的区分の変更

① 売買目的有価証券と満期保有目的の債券への分類はその取得当初の意図に基づくものである必要がある。

② 有価証券の保有目的区分は正当な理由なく変更することはできない。正当な理由に該当するものは限定されている。

③ 満期保有目的の債券から正当な理由なく他の区分へ振り替えた場合には，変更した期を含むそれ以降2期間はこの区分を利用できない。

(3) 有価証券の減損

① 時価のある有価証券（満期保有目的の債券，子会社株式および関連会社株式ならびにその他有価証券のうち市場価格のない株式以外のもの）：時価が著しく下落（50％程度以上下落）したときは，回復する見込みがあると認められる場合を除き，減損を認識（切放方式）

② 市場価格のない株式等：財政状態の悪化により実質価額が著しく低下（取得原価に比べて50％程度以上低下）したときは，減額を認識（切放方式）

3 運用目的の金銭の信託の貸借対照表価額

時価で評価（評価差額は損益計算書に計上）

4 デリバティブ取引の貸借対照表価額

① 時価で評価（ヘッジ会計の対象となるものを除き，評価差額は損益計算書に計上）

② 時価を算定することが困難な場合：取得価額で評価

5 金銭債務（支払手形等）の貸借対照表価額

① 債務額で評価

② 社債を社債金額と異なる価額で発行した場合など，収入に基づく金額と債務額とが異なる場合には，償却原価法に基づいて算定された価額を貸借対照表価額とする。

デリバティブ取引とヘッジ会計

1 デリバティブ取引

① デリバティブ取引とは，先物取引，先渡取引，オプション取引，スワップ取引およびこれらに類似する取引をいう。デリバティブ取引により生ずる正味の債権は金融資産となり，正味の債務は金融負債となる。

② デリバティブ取引により生じる正味の債権および債務は，時価をもって貸借対照表価額とし，評価差額は，ヘッジ会計の対象となるものを除き，当期の損益として処理する。

③ デリバティブ取引は，a. 特定の金利・有価証券価格等の変数（基礎数値）と想定元本，b. 当初純投資が不要，c. 純額（差金）決済の要求または容認といった特徴を有する金融商品である。

2 ヘッジ会計

(1) ヘッジ会計の意義

ヘッジ会計とは，ヘッジ取引のうち一定の要件を充たすものについて，ヘッジ対象に係る損益とヘッジ手段に係る損益を同一の会計期間に認識し，ヘッジの効果を財務諸表に反映させるための特殊な会計処理をいう。

(2) ヘッジ対象とヘッジ手段

① ヘッジ対象

a 相場変動等による損失の可能性がある資産または負債で，当該資産または負債に係る相場変動等が評価に反映されていないもの

b 相場変動等が評価に反映されているが評価差額が損益として処理されないもの

c 当該資産または負債に係るキャッシュ・フローが固定され，その変動が回避されるもの

d 予定取引によって発生が見込まれる資産または負債も含まれる

② ヘッジ手段

デリバティブ，外貨建金銭債権債務または外貨建有価証券（為替リスクのヘッジ），信用取引（売付け）または有価証券の空売り，買建オプションを相殺する売建オプション（売建オプションは原則としてヘッジ手段とはならない）

(3) ヘッジ会計の要件

ヘッジ取引にヘッジ会計が適用されるためには，ヘッジ取引が事前テストと事後テストという2つのテストを充たす必要がある。有効性は，原則としてヘッジ開始時から有効性判定までの期間のヘッジ対象の相場変動またはキャッシュ・フロー変動の累計とヘッジ手段の相場変動またはキャッシュ・フロー変動の累計の比率がおおむね80％から125％の範囲内になければならない。

(4) ヘッジ会計の方法

① 繰延ヘッジが原則（時価評価されているヘッジ手段に係る損益または評価差額を，ヘッジ対象に係る損益が認識されるまで純資産の部において繰り延べる方法）

② その他有価証券に対しては時価ヘッジを採用できる（ヘッジ対象に係る相場変動等を損益に反映させ，ヘッジ手段に係る損益と同一の会計期間で認識する方法）

③ ヘッジの要件が充たされなくなったときは，充たされていた間のヘッジ手段に係る損益または評価差額は，ヘッジ対象に係る損益が認識されるまで引き続き繰延べ

④ ヘッジ対象が消滅したときには，繰り延べられていたヘッジ手段に係る損益または評価差額は当期の損益として処理

複合金融商品，貸倒見積高の算定

1 払込資本を増加させる可能性のある部分を含む複合金融商品

(1) 新株予約権

発行者の処理は次のとおりである。

① 新株予約権の発行に伴う払込金額は，純資産の部に「新株予約権」として計上

② 新株予約権が行使され新株を発行する場合：新株予約権の発行に伴う払込金額と新株予約権の行使に伴う払込金額を，資本金または資本金および資本準備金に振替

③ 新株予約権が行使され自己株式を処分する場合：自己株式処分差額はその他資本剰余金に加減。ただし，その他資本剰余金が負の値となった場合には，その他資本剰余金をゼロとし，その他利益剰余金（繰越利益剰余金）から減額

④ 新株予約権が行使されずに権利行使期間が満了し失効したときは，当該失効に対応する額を失効が確定した会計期間の利益（原則として特別利益）として処理

取得者は，有価証券の取得として処理

(2) 転換社債型新株予約権付社債

発行者の処理は次のとおりである。

① 発行時：発行に伴う払込金額は，一括法と区分法の選択適用

② 新株予約権の行使時

　a 新株を発行する場合

　ア 一括法を採用しているときには，当該転換社債型新株予約権付社債の帳簿価額を資本金または資本金および資本準備金に振替

　イ 区分法を採用しているときには，当該転換社債型新株予約権付社債の社債の対価部分（帳簿価額）と新株予約権の対価部分（帳簿価額）の合計額を資本金または資本金および資本準備金に振替

　b 自己株式を処分する場合

　ア 自己株式処分差額はその他資本剰余金に加減

　イ 自己株式処分の対価は，一括法を採用している場合には当該転換社債型新株予約権付社債の帳簿価額，区分法を採用している場合には，社債の対価部分（帳簿価額）と新株予約権の対価部分（帳簿価額）の合計額

取得者は，取得価額は，社債の対価部分と新株予約権の対価部分とに区分せず普通社債の取得に準じて処理

(3) その他の新株予約権付社債

発行に伴う払込金額は，社債の対価部分と新株予約権の対価部分に区分（区分法のみの適用）。社債の対価部分は，普通社債の発行に準じて処理し，新株予約権の対価部分は，新株予約権の発行者の会計処理に準じて処理

2 その他の複合金融商品

① 原則として，個々の金融資産または金融負債とに区分せず一体として会計処理

② ただし，組込デリバティブのリスクが現物の金融資産または金融負債に及ぶ可能性がある等の場合には，デリバティブを区分して時価評価し，評価差額を当期の損益として処理する。

3 貸倒見積高の算定

債権は，債務者の財政状態および経営成績等に応じて，次の3つの区分ごとに貸倒見積高を算定

(1) 一般債権（経営状態に重大な問題が生じていない債務者に対する債権）：貸倒実績率法

(2) 貸倒懸念債権（経営破綻の状態には至っていないが，債務の弁済に重大な問題が生じているかまたは生じる可能性の高い債務者に対する債権）：財務内容評価法またはキャッシュ・フロー見積法

(3) 破産更生債権等（経営破綻または実質的に経営破綻に陥っている債務者に対する債権）：財務内容評価法

問題 **1-1** 次の問いに答えなさい。

(1) 金融負債の消滅の認識の要件について説明しなさい。

(2) 金融負債の消滅の認識についての例外的な取扱いとしての，デット・アサンプションについて説明しなさい。

(1) 金融負債の消滅の認識要件

(2)　デット・アサンプションの会計処理

問題 1-2　債務保証の会計処理の概要について述べなさい。

問題 1-3 次の取引の仕訳を示しなさい。なお，未経過金利に関する計算は省略するものとし，購入・売却の決算は現金預金とする。また，法人税等の法定実効税率は30%とする。

(1) 有価証券の購入

① その他有価証券として保有する意図をもって，X5年3月25日に社債（額面10,000千円）10,100千円の購入約定を締結した。

② 受渡日はX5年4月3日で，そのときの時価は10,120千円であった。また，決算期末（X5年3月31日）の時価は10,150千円であった。

これに基づき，購入について約定日基準と修正受渡日基準の双方の仕訳を示しなさい。

(2) 有価証券の売却

① X6年3月25日に(1)の社債を10,200千円で売却する契約を締結した。

② 受渡日はX6年4月3日で，そのときの時価は10,250千円であった。

これに基づき，売却について約定日基準と修正受渡日基準の双方の仕訳を示しなさい。

(1) 有価証券の購入

＜約定日基準の場合＞　　　　　　　　　　　　　　　　　　　　　　　（単位：千円）

	借 方 科 目	金 額	貸 方 科 目	金 額
約定日				
決算日				
翌期首				
受渡日				

＜修正受渡日基準の場合＞

（単位：千円）

	借　方　科　目	金　　額	貸　方　科　目	金　　額
約定日				
決算日				
翌期首				
受渡日				

⑵　有価証券の売却

＜約定日基準の場合＞

（単位：千円）

	借　方　科　目	金　　額	貸　方　科　目	金　　額
約定日				
受渡日				

＜修正受渡日基準の場合＞

（単位：千円）

	借　方　科　目	金　　額	貸　方　科　目	金　　額
約定日				
受渡日				

問題 1−4　次の取引を行った場合の譲渡人の仕訳を示しなさい。なお，計算過程で生じた百万円未満の金額は四捨五入する。

［取引の概要］

①　帳簿価額2,000百万円の債権を，次の②の条件で第三者に2,150百万円で譲渡し，同額が当座預金口座に入金された。

②　譲渡人は，買戻権（譲受人から買い戻す権利であるが，支配の移転が認められるもの）を持ち，延滞債権を買い戻すリコース義務を負い，譲渡資産の回収代行を行い手数料を得る。

③　取引は支配の移転のための条件を満たしている。

④　債権の売却代金，回収サービス業務資産，買戻権，リコース義務の時価は，次のとおりである。

売却代金	2,150百万円
回収サービス業務資産	140百万円
買戻権	40百万円
リコース義務	▲　80百万円
	2,250百万円

借　方　科　目	金　　　額	貸　方　科　目	金　　　額

問題 **1-5**　有価証券のうち株式について，

(1)　保有目的ごとの分類の意義，評価基準，評価差額の処理方法について述べなさい。

(2)　金融商品に関する会計基準において，(1)のような評価基準と評価差額の処理方法が定められた理由について説明しなさい。

(1)　株式に関する保有目的ごとの分類の意義，評価基準，評価差額の処理方法

(2) (1)の評価基準と評価差額の処理方法が定められた理由

問題 1−6 (1)金融商品に関する会計基準における債権の貸借対照表価額の決定方法について説明しなさい。あわせて，(2)このような評価の考え方が採用された理由についても述べなさい。

(1) 債権の貸借対照表価額の決定方法

(2) 採用された理由

問題 1-7 　以下の有価証券について，貸借対照表に記載される有価証券および投資有価証券，損益計算書に記載される投資有価証券評価損および純資産の部に計上されるその他有価証券評価差額金の金額を求めなさい。

（単位：千円）

銘　柄	簿　価	時　価	時価の把握	保有目的
A社株式	25,000	22,500	市場価格有	売　買
B社株式	42,000	38,000	市場価格有	長期保有
C社株式	38,000	18,000	市場価格有	長期保有
D社株式	30,400	58,000	市場価格有	長期保有
E社株式	17,500	－	市場価格無	長期保有
F社社債	99,000	99,600	市場価格有	満期保有

1．E社は，25％を保有している関連会社であるが他に子会社と関連会社はない。

2．E社の最近の貸借対照表は，以下のとおりである。

貸借対照表　　　　　（単位：千円）

諸　資　産	387,000	諸　負　債	367,000
		資　本　金	70,000
		繰越欠損金	△ 50,000

3．F社社債は，当期首に額面100円につき99円で発行されたもので，社債利息は年6％，償還期間は5年とし，発行と同時に取得したものである。

4．法人税等の法定実効税率は30％である。

5．その他有価証券については，全部純資産直入法で処理する。

有　価　証　券 ☐ 千円

投　資　有　価　証　券 ☐ 千円

投 資 有 価 証 券 評 価 損 ☐ 千円

その他有価証券評価差額金 ☐ 千円

問題 1-8 次の債券の取引について，仕訳を示しなさい。

(1) X1年1月1日，社債を満期保有目的で101,927,500円（券面額100,000,000円，クーポン利率4％，利払いは6月末と12月末日，満期まで2年間）にて購入した。① X1年6月末の利払い日，および② X1年12月31日（決算日）の仕訳を示しなさい。なお，実効利率（年3％とする）による処理と簡便法による処理を示すこと。

(2) 社債額面1,000,000千円をその他有価証券で保有している。X4年3月31日に保有目的を変更し，X社債を売買目的有価証券に振り替えることとした。当期中の仕訳を示しなさい。有価証券評価差額金の処理は，全部純資産直入法によっており，法人税等の法定実効税率は30％とする。

取得原価：990,000千円

前期末（X3年12月31日）の時価：980,000千円

振替時（X4年3月31日）の時価：960,000千円

当期末（X4年12月31日）の時価：920,000千円

(1)

① X1年6月末の利払い日

＜実効利率による処理＞

借 方 科 目	金 額	貸 方 科 目	金 額

＜簡便法による処理＞

借 方 科 目	金 額	貸 方 科 目	金 額

② X1年12月31日（決算日）

＜実効利率による処理＞

借 方 科 目	金 額	貸 方 科 目	金 額

＜簡便法による処理＞

借 方 科 目	金 額	貸 方 科 目	金 額

(2)　　　　　　　　　　　　　　　　　　　　　　　　　　　　　　　　　（単位：千円）

	借　方　科　目	金　　額	貸　方　科　目	金　　額
当期首				
振替時				
当期末				

問題 1-9　ヘッジ会計に関する次の問いに答えなさい。

(1)　ヘッジ会計の2つの方法について説明しなさい。

(2)　時価ヘッジを適用する状況にどのような制限があるか説明しなさい。

(3)　その他有価証券のヘッジの特徴について述べなさい。

(1)　ヘッジ会計の2つの方法

(2)　時価ヘッジが適用される状況

(3)　その他有価証券のヘッジ

問題 1-10 ヘッジ会計の要件に関する次の問いに答えなさい。

(1) ヘッジ会計が適用されるための, 事前テストと事後テストについて説明しなさい。

(2) ヘッジ会計の要件が充たされなくなったときの会計処理について説明しなさい。

(3) ヘッジ会計の要件を充たしていた取引で, ヘッジ対象が消滅したときの会計処理について説明しなさい。

(1) 事前テストと事後テスト

(2) ヘッジ会計の要件が充たされなくなったときの会計処理

(3) ヘッジ対象が消滅した場合の会計処理

問題 1－11 国債2,000百万円（券面額）をその他有価証券として保有している。金利変動による国債の価格変動リスクをヘッジするため，証券取引所の国債先物取引を利用して額面2,000百万円分の次のヘッジ取引を行った。ヘッジ会計適用のための要件は充たしているものとして，購入時，決算時，翌期首および売却時のヘッジ会計（繰延ヘッジおよび時価ヘッジ）の会計処理を示しなさい。なお，その他有価証券の会計処理は全部純資産直入法によっている。また，証券取引所における取引証拠金に関する会計処理および評価差額に対する税効果は考慮しないものとする。

[前提条件]

保有国債の時価と国債先物取引の時価の変動（いずれも額面100円当たりの価格である）は，以下のとおりである。

		保有国債の時価	国債先物の時価
①	購入時	105円	100円（売建て）
②	決算日	98円	92円
③	売却時	95円（売却価格）	89円（買戻し）

(1) 繰延ヘッジの場合 （単位：百万円）

		借　方　科　目	金　　額	貸　方　科　目	金　　額
購入時	①				
	②				
決算時	①				
	②				
翌期首	①				
	②				
売却時	①				
	②				

(2) 時価ヘッジの場合 （単位：百万円）

		借　方　科　目	金　　額	貸　方　科　目	金　　額
購入時	①				
	②				
決算時	①				
	②				
翌期首	①				
	②				
売却時	①				
	②				

問題 1-12 　下記ヘッジ取引に関する①為替予約締結日，② X1年3月31日（決算日），③取引実行日および④決済日の仕訳を示しなさい。

A社（決算日3月31日）は，X1年6月に予定されている機械装置のドル建て輸入代金1,000千ドルの支払いをヘッジするため，1月20日にドル買・円売の為替予約を行った。為替予約時点で，当該輸入取引は，実行される可能性が高く，ヘッジ会計の要件を充たしているものとする。なお，為替予約差額は期間配分せず，税効果会計も適用しないものとする。

(1) 取引：機械装置の輸入，予定取引価格は1,000千ドル，決済予定時期は6月30日

(2) 為替予約：ドル買・円売1,000千ドル（予約レートは1USドル＝105円）で，期日は6月30日

(3) 取引実行日：5月31日に取引が実行された。また，決済も予定どおり6月30日に実行された。

(4) 為替レートの推移（簡単化のため，直物レートと先物レートは同一とする）

- 決算日（3月31日）　　　1USドル＝102円
- 取引実行日（5月31日）　1USドル＝107円
- 決済日（6月30日）　　　1USドル＝100円

	借　方　科　目	金　　額	貸　方　科　目	金　　額
①　為替予約締結日 （1月20日）				
②　決算日 （3月31日）				
③　取引実行日 （5月31日）				
④　決済日 （6月30日）				

問題 1-13 複合金融商品を，払込資本を増加させる可能性のある部分を含む複合金融商品とその他の複合金融商品に区別して，(1)区分法によることが必要な場合について述べ，(2)その場合の会計処理について簡潔に述べなさい。

(1)　区分法によることが必要な場合

(2) 会計処理

次の取引についての仕訳を示しなさい。

(1) X1年4月1日に新株予約権付社債（社債と新株予約権がそれぞれ単独で存在し得ず，当該社債を新株予約権の行使時の出資の目的とすることとされている新株予約権付社債）500百万円（期間5年）を発行した。新株予約権付社債の新株予約権部分の発行価額は100百万円，社債部分の発行価額は400百万円であった。社債の利率は1％（年1回，3月31日支払）。

(2) 決算日（X2年3月31日）となり，必要に応じ，社債の利払いと社債部分の償却原価法の処理を行う（定額法による）。

(3) その後，X2年4月1日に新株予約権の50％の権利が行使された。新株予約権の行使によって新株式が発行された。なお，新株発行時に出資された額のうち資本金とする金額は会社法の定める最低額とする。

（単位：百万円）

	借 方 科 目	金 額	貸 方 科 目	金 額
(1)				
(2)				
(3)				

次の取引についての仕訳を示しなさい。

(1) X1年4月1日に転換社債型新株予約権付社債5,000千ドル（期間5年）を発行した。発行時の為替レートは，100円／ドルであった。新株予約権部分の発行価額は20％，社債部分の発行価額は80％であったが，この会計処理については，一括法を採用することとした。社債の利率は2％（年1回，3月31日支払）。

(2) 決算日（X2年3月31日）となり，社債の利払いの処理を行う。決算日の為替レートは110円／ドルであった。

(3) その後，X2年4月1日に新株予約権の40％の権利が行使された。新株予約権の行使によって新株式が発行された。なお，新株発行時に出資された額のうち資本金とする金額は会社法の定める最低額とする。

（単位：百万円）

	借 方 科 目	金 額	貸 方 科 目	金 額
(1)				
(2)				
(3)				

問題 1-16 下記［資料］に基づき当期末の貸倒引当金計上の仕訳を示しなさい。なお，繰入額は損益計算書における計上区分ごとに区別して仕訳すること。また，貸倒引当金の設定は差額補充法によっている。

［資 料］

(単位：千円)

	当期末 債権額	前期末貸倒 引当金残高	当期末の状況
一般債権	100,000	1,000	今期は過去の貸倒実績率により期末残高の2％を引き当てる。
貸倒懸念債権			
A社売掛金	2,000	600	担保価値500千円，当期財政状態が悪化し，引当率を担保価値差引後の50％に引き上げた。
B社貸付金	5,000	0	当期首に貸し付けたもので，4％固定金利（後払い），貸付元本は3年後に一括返済の予定であったが，財政状態の悪化を受けて，回収遅延と回収可能なキャッシュ・フローの減少が見込まれる。
C社売掛金	1,500	300	従来から引当率を第三者保証価値差引後の60％としていたが，保証価値が500千円となった。
D社 破産更生債権	3,000	0	今期に経営が破綻した得意先への売掛債権。担保となっている土地以外に回収の見込みはほとんどない。
合 計	111,500	1,900	

(1) B社から回収が見込まれる額は，当期末から起算して1年後から3年後まで各200千円，4年後に3,000千円と見込まれている。

(2) D社に対する破産更生債権について設定されている担保の土地の評価額は，当初2,000千円であったが，当期末に鑑定評価を取り直したところ1,000千円となっている。

(単位：千円)

借 方 科 目	金 額	貸 方 科 目	金 額

第2章

外貨換算会計

1 外貨建取引の範囲

外貨建取引とは，売買価額または取引価額が外国通貨で表示されている取引である。具体的には，取引価額が外国通貨で表示されている物品の売買取引，取引金額が外国通貨で表示されているサービスを提供する・提供を受ける取引，決済金額が外国通貨で表示されている資金の貸付・借入，券面額が外国通貨で表示されている社債の発行，外国通貨による前渡金，仮払金の支払い，または前受金，仮受金の受入れ，および決済金額が外国通貨で表示されているデリバティブ取引である。

2 取引時の会計処理

外貨建取引は，原則として，その取引が行われたときの為替相場による円貨額によって記録する。ただし，デリバティブ取引（為替予約等）についてヘッジ会計の要件を充たしている場合には，デリバティブ取引にヘッジ会計の適用が認められる。また，このヘッジ会計の特例として，振当処理が認められている。

3 決算時の会計処理

(1) 換算替え

外貨建取引は，当該取引時における取得時の為替相場による円貨額で計上されるが，次の外貨表示項目については，決算日にCR（Closing Rate・Current Rate：決算時の為替相場）による換算替えを行う。

項　目	適用する為替相場
外国通貨	CR
外貨建金銭債権債務	CR（長短は問わない）
外貨建有価証券	次の保有目的別に区分して換算するが，基本的に用いられるのはCRであり，換算差額の処理に注意を要する。
① 満期保有目的債券	CR
② 売買目的有価証券	CR
③ その他有価証券	CR
④ 子会社および関連会社株式	HR（基本的に換算替えは必要ないが，強制評価減を行った場合には，外貨による時価または実質価額をCRで換算する）

(注) 決算日に換算替えが必要となるのは，外国通貨および外貨建金銭債権債務等であり，棚卸資産およ

び固定資産等については，基本的に換算替えは必要ない。しかし，低価基準の適用または強制評価減を行った場合には，外貨による時価等をCRで換算する。なお，外貨建ての契約資産および契約負債（入金済みのものを除く）は，外貨建債権債務と同様に決算時の為替相場で換算する。

(2) 換算差額の処理

原則として，当期の為替差損益として処理する。ただし，有価証券を強制評価減したときの損失は，「換算差損益」ではなく，「有価証券評価損」として計上する。

4 外貨表示財務諸表の換算（在外支店）

(1) 外貨建取引

在外支店の外貨建取引は，原則として，本店と同様に換算する。

(2) 外貨表示財務諸表項目の換算

① 収益および費用

原則として，取引発生時の為替相場により円換算する。ただし，期中平均相場によって円換算することも認められる。

② 貸借対照表項目

原則として，本店と同様に換算する。

ただし，棚卸資産および固定資産などの非貨幣項目の金額に重要性がない場合には，本店勘定等を除く，すべての貸借対照表項目を決算時の為替相場により円換算することも認められる。この特例を採用する場合，損益項目について，決算時の為替相場で円換算することが認められる。

③ 換算差額の処理

換算差額は，当期の為替差損益として処理する。

5 外貨表示財務諸表の換算（在外子会社）

在外子会社の財務諸表項目の換算方法は，以下のとおりである。

(1) 資産および負債

決算時の為替相場により円換算する。

(2) 純資産

① 親会社による株式取得時の純資産に属する項目

株式取得時の為替相場により円換算する。

② 親会社による株式取得後に生じた純資産に属する項目

増資や利益剰余金の増加など，当該項目の発生時の為替相場により円換算する。

(3) 収益および費用

原則として，期中平均相場により円換算する。ただし，決算時の為替相場により円換算することも認められる。

なお，親会社との取引により発生した収益および費用については，親会社が換算に用いる為替相場によって円換算し，この場合に生じる差額は，当期の損益として処理する。

(4) 換算差額の処理

換算によって生じた差額は，為替換算調整勘定に計上し，貸借対照表上，純資産の部に計上する。

問題 2-1 当社は3月31日を決算日とする1年決算会社である。次の外貨建取引と関連する決算整理事項に関する仕訳をしなさい。

(1) 20X1年1月1日　銀行から50,000ドルの現金借入れを行った（為替相場は1ドル100円）。返済期限は20X5年12月31日，借入金利の支払いは12月末に後払いであり，年利6％。借入れを行ってから決算日までの期中平均相場は1ドル102円である。

(2) 20X1年2月1日　将来の支店開設に備え，建物を100,000ドルで取得し，対価は現金で支払った（為替相場は1ドル102円）。

(3) 20X1年3月1日　商品20,000ドルを輸出した（為替相場は1ドル103円）。代金の決済期日は20X1年5月31日である。

(4) 20X1年3月1日　次の有価証券を現金購入した（為替相場は1ドル103円）。購入した有価証券の内訳は以下のとおりである。

① 売買目的有価証券　A株式　5,000ドル

② 満期保有目的債券　B債券　9,800ドル（券面額10,000ドル，償還期限20X1年12月31日）

③ その他有価証券　C株式　15,000ドル

(5) 決算整理事項

① 20X1年3月31日における為替相場　1ドル105円。

② 有価証券の期末時価　A株式5,200ドル，B債券9,820ドル（償却原価），C株式14,800ドル。

③ 20X1年3月の平均相場　1ドル104円。

④ 建物については，耐用年数20年，残存価額ゼロとして，定額法で償却を行う。当期は月数単位で2カ月分の償却を行う。なお，間接法で記帳する。

		借　方　科　目	金　　額	貸　方　科　目	金　　額
(1)	外貨建取引				
	決 算 整 理				
(2)	外貨建取引				
	決 算 整 理				
(3)	外貨建取引				
	決 算 整 理				
(4)	外貨建取引				
	決 算 整 理				

問題 2－2 次の外貨建取引について，各期における仕入金額と為替差損益の金額を求めなさい。損失の場合には負の値で示すこと。

(1) 第10期中の20X1年2月1日　アメリカ企業から商品3,000ドルを掛けで輸入した。このときの直物為替相場は1ドル98円であった。

(2) 第10期の決算日（3月31日）が到来した。このときの直物為替相場は1ドル97円であった。

(3) 第11期中の20X1年4月30日　輸入代金の支払期日に3,000ドルをアメリカ企業に送金して決済した。このときの直物為替相場は1ドル102円であった。

	二取引基準		一取引基準	
	第10期	第11期	第10期	第11期
仕入金額				
為替差損益				

問題 2－3 次の荷為替手形に関する外貨建取引について，A社の仕訳を円貨金額で示しなさい。

(1) 20X1年1月1日　日本企業のA社は，アメリカ企業のB社からの注文を受け，商品をドル建てで10,000ドル，船便で輸出した（為替相場は1ドル105円）。また，同時に取引銀行で，船荷証券を担保として，B社宛ての荷為替手形8,000ドルを取り組み，割引料80ドルを差し引かれ，手取金7,920ドルを当座預金に入金した。

20X1年1月21日　アメリカのB社は，取引銀行から，上記の為替手形の呈示を受け，この手形を引き受けて，船荷証券を受け取った。

20X1年1月31日　アメリカに所在するB社は，上記の船荷証券と引き換えに商品を受け取った。このとき運送費500ドルは，現金で支払った。

(2) 20X1年2月28日　代金の支払期日および為替手形の期日が到来したため，B社は商品代金の支払いと手形の決済を行った（為替相場は1ドル110円）。

	借 方 科 目	金 額	貸 方 科 目	金 額
(1)				
(2)				

問題 2-4 次の(1)から(3)の資金調達取引について二取引基準により仕訳をしなさい。次に，問題 2 - 2 の輸入取引，および本問の資金調達取引について，一取引基準を適用した場合にどのような差異が生じるかについて説明しなさい。

(1) 第10期中の20X1年 2 月 1 日　銀行から3,000ドルを借り入れた。このときの直物為替相場は 1 ドル98円であった。

(2) 第10期の決算日（ 3 月31日）が到来した。このときの直物為替相場は 1 ドル97円であった。

(3) 第11期中の20X1年 4 月30日　借入金の返済期日に3,000ドルを銀行に返済した。このときの直物為替相場は 1 ドル102円であった。

	借 方 科 目	金 額	貸 方 科 目	金 額
(1)				
(2)				
(3)				

問題 2-5 当社は 3 月31日を決算日とする 1 年決算会社である。20X1年 1 月 1 日に600,000ドルの資金を銀行から借り入れた。このときの為替相場は 1 ドル95円である。なお，返済期日は20X1年12月31日であり，支払金利は 5 ％／年，後払いである。

その後，為替相場が円安に変動したため，20X1年 3 月 1 日に当該借入金について為替予約を行った。為替予約相場は 1 ドル101円であり，そのときの為替相場は 1 ドル103円であった。この外貨建借入金について，為替予約はヘッジの要件を充たしていると認められるため，振当処理を行うこととした。為替予約差額のうち直先差額については，為替予約を行った月から決済日が属する月までの期間にわたり，月数を基礎として配分することとする。以上を踏まえ，決算日における外貨建借入金の円換算額および直先差額の残高を求めなさい。

なお，決算日における為替相場は 1 ドル106円であり，また，20X1年 1 月 1 日から 3 月31日までの期中平均相場は 1 ドル102円である。

外貨建借入金の円換算額 ☐ 円

直先差額の残高 ☐ 円

問題 2-6 本店における決算日の換算替えにおいて，以下の貸借対照表項目の換算に適用する為替相場を記入しなさい。

(1) イギリスに支店を開設する予定であり，外貨預金30,000ポンドで銀行口座を開設した。

(2) 海外出張者が帰国し，出張前払金の残金350ドルを出納係に返金してきた。決算日現在，金庫には，外貨のまま保管されている。

(3) 売買目的有価証券100,000ドルを保有している。

(4) 従来からドイツの輸入先の会社の株式を長期に保有する目的で40,000ユーロ保有している。決算時の時価は38,000ユーロであった。

(5) 在外子会社のA社（取得価額50,000ドル）について，財政状態を確認したところ実質価額は20,000ドルであった。なお，A社株式には時価がない。

(6) 在外子会社B社をフランスで新しく設立し，75,000ユーロを送金し同社の株式を取得した。

(7) ソフトウェアのライセンス契約を締結し，20,000ドルを前払金として支払っている。

(8) カナダに販売拠点を開設する目的で，トロントにおいて不動産賃貸契約を締結し，事務机等のオフィス家具を15,000カナダドルで購入した。

(9) 香港の銀行から200,000香港ドルを借り入れた。返済期日は3年後である。

(10) 外貨建転換社債型新株予約権付社債1,000,000ドルを発行している。

	項　目	為替相場
(1)	外貨預金	
(2)	外国通貨	
(3)	売買目的有価証券	
(4)	その他有価証券	
(5)	在外子会社A	
(6)	在外子会社B	
(7)	外貨建前払金	
(8)	外貨建有形固定資産	
(9)	外貨建借入金	
(10)	外貨建転換社債型新株予約権付社債	

問題 2-7 外貨建取引による棚卸資産の決算時の換算処理について，本店，支店および在外子会社の区分ごとに，空欄(A)～(D)に当てはまる適切な語句を記入しなさい。

(1) 本店での決算日における棚卸資産の換算方法

棚卸資産は（　A　）であり二取引基準の考え方から，外貨建取引が行われたときの（　B　）による換算結果で記録され，決算日においても換算替えする必要はない。

(2) 在外支店での決算日における棚卸資産の換算方法

在外支店における貸借対照表項目の期末換算方法は，原則として（　C　）である。このため棚卸資産は，基本的に決算日に換算替えする必要はなく，（　B　）による換算結果で記録される。しかし，決算日に低価基準を適用して評価損を計上した場合には，当該時価"正味売却価額"を（　D　）で換算する。

なお，棚卸資産および固定資産などの（　A　）の金額に重要性がない場合には，（　E　）すべての貸借対照表項目を（　D　）により円換算することが認められているため，低価基準が適用されない場合であっても，この場合には（　D　）で換算する。

(3) 在外子会社での決算日における棚卸資産の換算方法

在外子会社の資産および負債項目は，（　D　）で換算するため，棚卸資産についても（　D　）で換算する。

(A)		(B)		(C)	
(D)		(E)			

問題 2-8 決算に際し，在外支店の貸借対照表に計上されている棚卸資産について，低価基準の適用を検討している。以下の資料に基づいて，在外支店の棚卸資産の円換算額を求めなさい。

	外貨額	為替相場
取得原価	25,000ドル	95円／ドル
決算時の時価（正味売却価額）	24,000ドル	97円／ドル

棚卸資産の円貨額 _____ 円

問題 2-9 次のアメリカ支店のドル表示の残高試算表を［資料］に基づいて，円貨表示に換算しなさい。

[資 料]

1 為替相場の推移　期首1ドル93円，期中平均1ドル95円，期末1ドル98円。

2 アメリカ支店の開設時に10,000ドルを送金した。このときの為替相場は1ドル120円である。支店の貸借対照表における本店勘定，開設後の外貨額2,500ドルは昨年度までに増加したものであり，昨年における円換算額は275,000円である。

3 アメリカ支店は，開設時に送金された資金と，現地での借入金により，開設と同時に建物15,000ドルを取得した。減価償却計算は，残存価額ゼロ，耐用年数10年で計算している。

4 商品の受払は先入先出法を採用している。期首商品の換算には期首レート，当期仕入高には期中平均レート，および期末商品は，期末直前に仕入れた商品が在庫に残っているものとし，本問では便宜上，その換算には期末レートを適用する。なお，低価基準を適用しているが，評価損を計上する商品はなかった。

5 有価証券の内訳は以下のとおりである。

満期保有目的債券は当期首に額面3,000ドルを2,800ドルで取得し，償却原価法で処理している。今期の償却額は100ドルである。

6 別段の指示がある場合を除き，収益および費用は期中平均的に発生しているものとみなして換算すること。

財務諸表項目	決算整理後残高試算表（単位：ドル）		換算レート	残高試算表（単位：円）		損益計算書（単位：円）		貸借対照表（単位：円）	
現　　　　金	1,000								
売　　掛　　金	5,000								
商　　　　品	2,000								
有　価　証　券	2,900								
建　　　　物	15,000								
買　　掛　　金		4,000							
長　期　借　入　金		6,000							
減価償却累計額		1,500							
本　　　　店	−	−							
開　　設　　時		10,000							
開　　設　　後		2,500							
売　　上　　高		20,000							
期　首　商　品	500								
当　期　仕　入　高	14,000								
期　末　商　品		2,000							
減　価　償　却　費	1,500								
有　価　証　券　利　息		100							
そ　の　他　費　用	4,200								
計	46,100	46,100							

問題 2-10 次のアメリカに所在する子会社のドル表示財務諸表を［資料］に基づいて円貨表示財務諸表に換算替えしなさい。

[資 料]

1　為替相場　期首1ドル105円，期中平均1ドル100円，期末1ドル95円。

2　子会社（持株比率は100％）設立時の資本金は30,000ドルである。また，子会社は，設立時に有形固定資産を取得した。そのときの為替相場は1ドル120円である。

3　子会社は設立以降，利益を計上しており，期首時点までの各年度の利益の累積額は12,000ドルであり，円換算額は1,250,000円である。

財務諸表項目	決算整理後残高試算表（単位：ドル）		換算レート	残高試算表（単位：円）		損益計算書（単位：円）		貸借対照表（単位：円）	
現　　　金	3,000								
売　掛　金	6,000								
棚　卸　資　産	8,000								
有 形 固 定 資 産	45,000								
買　掛　金		5,000							
長　期　借　入　金		10,000							
資　本　金		30,000							
利　益　剰　余　金		12,000							
売　上　高		100,000							
売　上　原　価	84,000								
人　件　費	4,000								
減　価　償　却　費	5,000								
そ の 他 費 用	2,000								
計	157,000	157,000							

問題 2-11 前問において，アメリカに所在する子会社のドル表示財務諸表において，収益および費用について決算時の為替相場で換算替えしなさい。

財務諸表項目	決算整理後残高試算表（単位：ドル）		換算レート	残高試算表（単位：円）		損益計算書（単位：円）		貸借対照表（単位：円）	
現　　　　　金	3,000								
売　　掛　　金	6,000								
棚　卸　資　産	8,000								
有 形 固 定 資 産	45,000								
買　　掛　　金		5,000							
長 期 借 入 金		10,000							
資　　本　　金		30,000							
利 益 剰 余 金		12,000							
売　　上　　高		100,000							
売　上　原　価	84,000								
人　　件　　費	4,000								
減 価 償 却 費	5,000								
そ の 他 費 用	2,000								
計	157,000	157,000							

退職給付会計

学習のポイント

1　個別貸借対照表には退職給付引当金（または前払年金費用）が計上されるが，連結貸借対照表には退職給付に係る負債（または退職給付に係る資産）が計上される。また，個別財務諸表では退職給付費用を損益計算書に計上するが，これに加えて連結財務諸表では退職給付に係る調整額をその他の包括利益に計上する。

2　**退職給付債務**

退職給付見込額のうち，当期までに発生していると認められる額を割引計算

3　**割引率**

支払見込期間に対応する国債など安全性の高い債券の利回りを基礎に決定

4　**退職給付費用**

①　勤務費用：退職給付見込額のうち，当期に発生したと認められる額を割引計算

②　利息費用：期首の退職給付債務×割引率

③　期待運用収益：期首の年金資産×長期期待運用収益率

④　数理計算上の差異の費用処理額

⑤　過去勤務費用の費用処理額

5　**退職給付引当金**

①　期首残高＋退職給付費用－企業の年金資産拠出額－退職給付支給額

（退職給付支給額は，企業の資産から直接支払った場合のみ調整する）

②　退職給付債務－年金資産±未認識数理計算上の差異±未認識過去勤務費用

①と②のいずれの式でも同額が計算される。

6　**退職給付に係る負債**

退職給付債務－年金資産（いずれも実績の数値）

＊　退職給付引当金と退職給付に係る負債の差額は，未認識数理計算上の差異および未認識過去勤務費用である。

7　**退職給付に係る調整額（その他の包括利益）**

当期に新たに発生した数理計算上の差異・過去勤務費用±当期の費用処理額（組替調整）

8　**数理計算上の差異**

①　年金資産の期待運用収益と実際の運用成果との差異

②　退職給付債務の数理計算に用いた見積数値と実績との差異

③　見積数値の変更等により発生した差異

発生年度（容認：発生年度の翌期）から平均残存勤務期間以内の一定の年数で定額法（容認：定率法）によって費用処理

9 　過去勤務費用

退職給付水準の改訂等に起因して発生した退職給付債務の増加または減少部分

発生年度から平均残存勤務期間以内の一定の年数で定額法（容認：定率法）によって費用処理

問題 3−1 　次の文章について正しい場合は〇を記入し，誤っている場合は×を記入するとともに正しい内容を答えなさい。

(1) 　確定給付企業年金制度を導入している企業において退職給付債務の割引計算で用いる割引率は，平均残存勤務期間に対応する安全性の高い債券の利回りを基礎に決定する。

(2) 　確定拠出制度を採用している企業では，退職給付の会計処理にあたり，その制度での要拠出額を費用として処理する。

(3) 　退職給付債務の数理計算に用いた見積数値と実績との差異により発生した退職給付債務の差異は会計上の見積りの変更に該当するため，発生した年度に一括して費用処理しなければならない。

	正誤	内　　容
(1)		
(2)		
(3)		

問題 3-2 数理計算上の差異が次のとおり発生している場合，20X4年度および20X5年度において費用処理しなければならない金額を答えなさい。数理計算上の差異の費用計上にあたっては，発生年度の翌年から平均残存勤務期間で定額法により処理する。なお，税効果は無視することとし，費用の減額となる場合は金額の頭に△を付すこと。また，万円未満の端数は四捨五入し，万円単位で答えること。

数理計算上の差異発生額（△は貸方差異である）

20X1年度	20X2年度	20X3年度	20X4年度	20X5年度
300万円	500万円	△600万円	200万円	△800万円

＊ 20X1年度期首において，未認識数理計算上の差異の残高はない。

なお，数理計算上の差異の費用処理に用いる平均残存勤務期間は，20X4年度までは10年であったが，20X5年度は8年であった。

20X4年度	20X5年度
万円	万円

問題 3-3 前問について，仮に数理計算上の差異を定率法によって費用処理していた場合の20X4年度および20X5年度の費用処理額を答えなさい。なお，10年で費用処理する場合の率は0.206，8年で費用処理する場合の率は0.250である。また，費用の減額となる場合は金額の頭に△を付すこと。

20X4年度	20X5年度
万円	万円

問題 3-4 次の情報に基づき，20X2年度の財務諸表に計上される退職給付費用および退職給付引当金を答えなさい。

20X1年度末の決算後状況

退職給付債務：3,000千円　年金資産：1,800千円　退職給付引当金：980千円

未認識過去勤務費用：220千円（借方差異，20X1年度に発生）

20X2年度の状況

年金資産拠出額：300千円　年金資産からの退職給付支給額：280千円

勤務費用：310千円　割引率：3％　長期期待運用収益率：4％　平均残存勤務期間：12年

期末退職給付債務（実績）：3,130千円　期末年金資産（実績）：1,950千円

なお，以前から過去勤務費用および数理計算上の差異は発生年度から平均残存勤務期間で定額法により費用処理している。また，ここ数年は平均残存勤務期間に変動はない。

退職給付費用	退職給付引当金
千円	千円

問題 **3-5** 次の情報に基づき，20X1年度および20X2年度における期中仕訳および個別財務諸表作成のために必要な決算整理仕訳を答えなさい。なお，当社では確定給付企業年金を導入しており，年金資産の拠出は当座預金から行っている。また，法定実効税率は40%であり，税効果に関する仕訳は期中には行わず決算整理仕訳で一括して行っている。

20X1年度の状況

     期首退職給付債務：3,000千円   年金資産：2,600千円   繰延税金資産：160千円

     （期首時点で未認識数理計算上の差異および未認識過去勤務費用はない）

     年金資産拠出額：200千円   年金資産からの退職給付支給額：225千円

     勤務費用：250千円   利息費用：60千円   期待運用収益：130千円

     期末退職給付債務（実績）：3,085千円   期末年金資産（実績）：2,555千円

数理計算上の差異は，発生の翌年度から15年で定額法により費用処理する。

20X2年度の状況

    便宜上，年金資産への拠出および退職給付の支給はないものとする。

     勤務費用：300千円   利息費用：65千円   期待運用収益：125千円

     期末退職給付債務（実績）：3,450千円   期末年金資産（実績）：2,445千円

（単位：千円）

	借 方 科 目	金 額	貸 方 科 目	金 額
20X1年度				
20X2年度				

問題 **3-6** 前問について，20X1年度および20X2年度において連結財務諸表を作成する際に，この企業に関連して必要な連結修正仕訳を答えなさい。

（単位：千円）

	借 方 科 目	金 額	貸 方 科 目	金 額
20X1年度				
20X2年度				

学習のポイント

1 リース取引の意義

　特定の物件の所有者が貸手となり，リース期間にわたり当該物件から得られる経済的利益を借手に与え，それに対し借手はリース料を貸手に支払う取引

2 リース取引の分類と会計処理

(1) 借手のファイナンス・リース取引（解約不能とフルペイアウトが条件）

　① 所有権移転ファイナンス・リース取引……売買処理

　　　取得原価：貸手の購入価額。不明の場合は見積購入価額とリース料総額の現在価値のいずれか低い価額

　　　減価償却：自己所有固定資産と同様に計算

　② 所有権移転外ファイナンス・リース取引……売買処理

　　　取得原価：貸手の購入価額とリース料総額の現在価値のいずれか低い価額。不明の場合は見積購入価額とリース料総額の現在価値のいずれか低い価額

　　　減価償却：原則としてリース期間を耐用年数，残存価額を 0（ゼロ）として計算

(2) 貸手のファイナンス・リース取引

　　通常の売買取引にかかる方法に準じた会計処理により，所有権移転ファイナンス・リース取引についてはリース債権として，所有権移転外ファイナンス・リース取引についてはリース投資資産として計上。

(3) オペレーティング・リース取引……賃貸借処理，解約不能なものは未経過リース料を要注記

3 セール・アンド・リースバック取引

　借手が所有する物件を貸手に売却し，貸手から当該物件のリースを受ける取引のこと。ファイナンス・リース物件の売却損益は，通常，長期前払費用または長期前受収益として繰延処理する。

問題 4-1 次の文章について，正しいものには○を，誤っているものには×を記入しなさい。なお，誤っているものには，正しくない理由を2行以内で記入しなさい。

(1) ファイナンス・リース取引について売買取引に準じた会計処理が必要とされるのは，当該取引が経済的実質において，借手にとって資産の購入（貸手にとっては資産の販売）と考えられるためである。

(2) ファイナンス・リース取引と判定されるためには，現在価値基準と経済的耐用年数基準の双方を充たす必要がある。

(3) 所有権が借手に移転すると認められないファイナンス・リース取引については，オペレーティング・リース取引と同様の注記を行うことを条件に，賃貸借取引に準じた会計処理も認められる。

(4) セール・アンド・リースバック取引において，当該取引がファイナンス・リース取引に該当し，売買処理を行うにあたって対象資産の売却損が生じた場合，借手は一括して売却時に売却損を計上することもできるが，長期前払費用として繰延処理する方法も認められている。

(5) 転リース取引においては，ファイナンス・リース取引に該当する場合には，貸借対照表上はリース債権（またはリース投資資産）とリース債務の双方を計上する。

	正誤	理　　由
(1)		
(2)		
(3)		
(4)		
(5)		

問題 4-2 次のファイナンス・リースに関する［資料］から，リース物件の取得原価とされる金額を求めなさい。貸手の購入価額は不明である。なお，期間 n = 5 年，利率（複利）i = 5 ％の年金現価係数は4.32948とする。

[資 料]

a　リース期間（解約不能）：5 年

b　リース料の支払い：1 年後から 5 回均等払い（後払方式）

c　1 回のリース料支払い：900,000円（リース料総額4,500,000円）

d　追加借入れの利子率：年 5 ％

e　当該リース物件の見積現金購入価額：3,800,000円

リース物件の取得原価 [　　　　　　　　] 円

問題 4-3 次の［資料］に基づき，X1年度期首にファイナンス・リース契約を結んだ借手側の次の金額を計算しなさい。なお，計算上，円未満の端数が生じた場合には，円位未満を四捨五入すること。

(1)　X2年度の損益計算書における減価償却費，ならびに X2年度末の貸借対照表におけるリース資産の取得原価と減価償却累計額の金額

(2)　下記の条件に加えて，リース期間終了時にリース物件を贈与される権利が付されている場合の，X2年度の損益計算書における減価償却費，ならびに X2年度末の貸借対照表におけるリース資産の取得原価と減価償却累計額の金額

[資 料]

①　解約不能なリース期間：5 年

②　リース料の支払方法：リース開始時から 5 回均等払い（前払方式）

③　リース料年額：1,850,000円

④　利率：年 6 ％

⑤　貸手の購入価額は，8,400,000円

⑥　減価償却：定額法

⑦　リース物件の経済的耐用年数 8 年，8 年経過時の見積残存価額 5 ％

⑧　会計期間は 1 年

(1)　減価償却費 [　　　　　　　　] 円

　　リース資産の取得価額 [　　　　　　　　] 円

　　減価償却累計額 [　　　　　　　　] 円

(2)　減価償却費 [　　　　　　　　] 円

　　リース資産の取得価額 [　　　　　　　　] 円

　　減価償却累計額 [　　　　　　　　] 円

問題 **4-4** X1年4月1日に，次のファイナンス・リース取引を行った。このリース取引について，(1)リース開始時（X1年4月1日），(2)第1回のリース料支払時（X1年9月30日），および(3)X1年度決算時（X2年3月31日）それぞれの借手の仕訳を示しなさい。なお，計算上，円未満の端数が生じた場合には円位未満を四捨五入すること。

[資 料]

① 解約不能なリース期間：5年

② リース料の支払方法：毎年9月30日と3月31日，10回均等払い

③ リース料：各回500,000円（年額1,000,000円）

④ 利子率：年4％

⑤ 貸手の購入価額は不明，見積現金購入価額は4,600,000円

⑥ 減価償却：定額法（耐用年数はリース期間，残存価額はゼロ）

	借 方 科 目	金 額	貸 方 科 目	金 額
(1) リース開始時 （X1年4月1日）				
(2) 第1回の リース料支払時 （X1年9月30日）				
(3) X1年度決算時 （X2年3月31日）				

第 5 章

減損会計

学習のポイント

1　減損会計とは，収益性の低下により投資額の回収が見込めなくなった固定資産について，その評価額が回収可能性を反映した金額となるように，帳簿価額を一定の方法で減額する会計処理のことである。

2　減損会計は，①減損の兆候がある固定資産の識別，②減損損失の認識の判定，③減損損失の測定という手順で行われる。

3　減損損失の認識の判定は，減損の兆候があると識別された固定資産について，当該資産または資産グループから得られる割引前将来キャッシュ・フローの総額と帳簿価額を比較することによって行い，割引前将来キャッシュ・フローの総額が帳簿価額を下回る場合には，減損損失を認識すべきであると判定される。

4　減損損失を認識すべきであると判定された資産または資産グループについては，正味売却価額と使用価値のいずれか高いほうの金額を回収可能価額とし，回収可能価額が帳簿価額を下回っている場合には，帳簿価額を回収可能価額まで減額し，当該減少額を減損損失として測定する。

5　共用資産がある場合には，それが関連する複数の資産または資産グループに共用資産を加えた，より大きな単位でグルーピングを行う方法により減損会計を実施するのが原則である。

6　のれんがある場合にも，当該のれんが帰属する事業に関連する複数の資産グループにのれんを加えた，より大きな単位でグルーピングを行う方法により減損会計を実施するのが原則である。

7　減損処理した資産については，減損損失控除後の帳簿価額に基づいてその後の減価償却が行われる。また，減損損失の戻入れは行わない。

8　減損損失は，貸借対照表では，当該固定資産の減損処理前の取得原価から直接控除して表示し，損益計算書では，特別損失として表示する。

問題 5-1 次の文章(1)~(5)について，正しいものには○を，誤っているものには×を，下記の解答欄に記入しなさい。

(1) 減損損失の認識の判定は，対象となる資産または資産グループの割引前将来キャッシュ・フローの総額と帳簿価額の比較によって行われる。この場合，割引前将来キャッシュ・フローの総額を見積もる期間は，資産の経済的残存使用年数または資産グループ中の主要な資産の経済的残存使用年数である。

(2) 減損損失の測定は，対象となる資産または資産グループの回収可能価額と帳簿価額の比較によって行われ，回収可能価額が帳簿価額を下回っている場合には，帳簿価額を回収可能価額まで減額し，当該減少額が減損損失として計上される。なお，回収可能価額とは，当該資産または資産グループの正味売却価額と使用価値のいずれか高いほうの金額のことである。

(3) 共用資産とは，複数の資産または資産グループの将来キャッシュ・フローの生成に寄与する資産のことである。共用資産の典型には，全社的な将来キャッシュ・フローの生成に寄与する本社の建物や試験研究施設がある。また，超過収益力を表すのれんも共用資産として取り扱われる。

(4) 回収可能価額の見積りに変更が生じ，変更された見積りによると，以前に計上した減損損失が減額されることになる場合でも，減損損失の戻入れは行わない。減損損失の認識および測定は減損の存在が相当程度に確実な場合に限って行われるものであり，また，減損損失の戻入れを行うことは事務的負担を増大させるおそれがあると考えられるからである。

(5) 減損処理を行った固定資産を貸借対照表に表示する場合には，減価償却の場合と同様，減損損失累計額を当該固定資産に対する控除科目として，間接的に控除する形式で貸借対照表に記載するのが原則である。

(1)		(2)		(3)		(4)		(5)	

問題 5-2 備品（取得原価1,000,000円，耐用年数10年，残存価額は取得原価の10％，取得後当期末で6年経過，減価償却方法は定額法）について，減損の兆候が認められたため，当期末に将来キャッシュ・フローを見積もったところ，残存耐用年数4年にわたり毎年60,000円のキャッシュ・フローをもたらし，さらに耐用年数経過後の処分収入は残存価額に等しいと予測されている。減損損失の認識の判定を行いなさい。

減損損失の認識の判定	

問題 5-3 次の［資料］により，下記の問いに答えなさい。

［資　料］

　減損の兆候が認められる備品（取得原価10,000,000円，減価償却累計額7,100,000円）について将来キャッシュ・フローを見積もったところ，今後5年間にわたり毎年540,000円のキャッシュ・フローをもたらし，さらに5年後の処分価値として20,000円の収入をもたらすと予測されている。また，この将来キャッシュ・フローを割り引いて計算される備品の使用価値は2,312,000円である。さらに，備品の正味売却価額は2,700,000円である。

問1　減損損失の認識の判定を行いなさい。

問2　減損損失の金額を計算しなさい。

問3　減損損失を計上するための仕訳を示しなさい。

問1	減損損失の認識の判定	....
問2	減損損失の金額	円

問3　減損損失を計上するための仕訳

借　方　科　目	金　　額	貸　方　科　目	金　　額

問題 5-4 次の［資料］により，資産グループ全体および各構成資産の減損損失の金額を計算しなさい。

［資　料］

　土地（帳簿価額9,000,000円），建物（帳簿価額6,000,000円），機械（帳簿価額3,000,000円），備品（帳簿価額2,000,000円）から構成される資産グループについて，減損の兆候が認められた。この資産グループの割引前将来キャッシュ・フローの総額は18,500,000円，正味売却価額は16,750,000円，使用価値は15,250,000円である。なお，減損損失の配分は，帳簿価額に基づいて各構成資産に比例的に配分する方法によるものとする。

	減損損失の金額
資産グループ全体	円
土　　地	円
建　　物	円
機　　械	円
備　　品	円

問題 5-5 次の［資料］により，各資産の減損損失の金額を計算しなさい。なお，共用資産Dについては，それが関連する資産A，B，Cに共用資産Dを加えた，より大きな単位でグルーピングを行う方法により減損損失の認識の判定を行うものとする。また，資産A，B，Cに共用資産Dを加えた，より大きな単位でグルーピングした場合の割引前将来キャッシュ・フローの総額は1,050,000円，回収可能価額は910,000円である。

［資　料］

	資産A	資産B	資産C	共用資産D
帳簿価額	250,000円	220,000円	400,000円	240,000円
減損の兆候	なし	あり	あり	あり
割引前将来キャッシュ・フローの総額	－	300,000円	340,000円	－
回収可能価額	－	－	280,000円	－

	減損損失の金額
資産A	円
資産B	円
資産C	円
共用資産D	円

問題 5-6 次の［資料］により，のれんの減損損失の金額を計算しなさい。なお，のれんについては，それが帰属する事業に関連する資産グループA，B，Cにのれんを加えた，より大きな単位でグルーピングを行う方法により減損損失の認識の判定を行うものとする。また，資産グループA，B，Cにのれんを加えた，より大きな単位でグルーピングした場合の割引前将来キャッシュ・フローの総額は9,000,000円，回収可能価額は7,600,000円である。

［資　料］

	資産グループA	資産グループB	資産グループC	のれん
帳簿価額	3,000,000円	1,800,000円	3,800,000円	1,600,000円
減損の兆候	あり	あり	あり	あり
割引前将来キャッシュ・フローの総額	2,800,000円	2,200,000円	4,000,000円	－
回収可能価額	1,900,000円	2,100,000円	3,600,000円	－

のれんの減損損失の金額	円

44

会計上の変更および誤謬の訂正

学習のポイント

1　会計上の変更とは，会計方針の変更，表示方法の変更および会計上の見積りの変更をいう。過去の財務諸表における誤謬の訂正は，会計上の変更には該当しない。

2　会計方針の変更に関する原則的な取扱いは，以下のとおりである。

(1)　会計基準等の改正に伴う会計方針の変更の場合

会計基準等に特定の経過的な取扱いが定められていない場合には，新たな会計方針を過去の期間のすべてに遡及適用する。会計基準等に特定の経過的な取扱いが定められている場合には，その経過的な取扱いに従う。

(2)　(1)以外の正当な理由による会計方針の変更の場合

新たな会計方針を過去の期間のすべてに遡及適用する。

3　財務諸表の表示方法を変更した場合には，原則として表示する過去の財務諸表について，新たな表示方法に従い財務諸表の組替えを行う。

4　会計上の見積りを変更した場合であって，当該変更が変更期間のみに影響するときは，当該変更期間に会計処理を行い，当該変更が将来の期間にも影響するときは，将来にわたり会計処理を行う。

5　固定資産の耐用年数の変更等については，当期以降の費用配分に影響させる方式（プロスペクティブ方式）を適用する。

6　減価償却方法の変更のように，会計方針の変更を会計上の見積りの変更と区別することが困難な場合については，会計上の見積りの変更と同様に取り扱い，遡及適用は行わない。

7　過去の財務諸表における誤謬が発見された場合には，表示する各期間の財務諸表を修正再表示する。

問題 6-1 以下の「会計方針の開示，会計上の変更及び誤謬の訂正に関する会計基準」に関する各文章について，空欄(a)～(l)に当てはまる適切な語句を記入しなさい。

(1) 会計方針とは，財務諸表の作成にあたって採用した会計処理の原則および（　a　）をいう。また，会計方針の変更とは，従来採用していた一般に（　b　）と認められた会計方針から他の一般に（　b　）と認められた会計方針に変更することをいう。

(2) 会計方針は，（　c　）により変更を行う場合を除き，毎期継続して適用する。（　c　）により変更を行う場合であって，新たな会計方針を遡及適用するときは，表示期間より前の期間に関する遡及適用による（　d　）を，原則として表示する財務諸表のうち，最も古い期間の（　e　）の資産，負債および純資産の額に反映する。

(3) 表示方法とは，財務諸表の作成にあたって採用した表示の方法（注記による開示も含む）をいい，財務諸表の科目分類，科目配列および（　f　）が含まれる。表示方法を変更した場合には，原則として表示する過去の財務諸表について，新たな表示方法に従い財務諸表の（　g　）を行う。

(4) 会計上の見積りとは，資産および負債や収益および費用等の額に（　h　）がある場合において，財務諸表作成時に（　i　）な情報に基づいて，その合理的な金額を算出することをいう。また，会計上の見積りの変更とは，新たに（　i　）となった情報に基づいて，過去に財務諸表を作成する際に行った会計上の見積りを変更することをいう。

(5) 会計上の見積りの変更は，当該変更が変更期間のみに影響する場合には，当該変更期間に会計処理を行い，当該変更が（　j　）の期間にも影響する場合には，（　j　）にわたり会計処理を行う。

(6) 誤謬とは，原因となる行為が（　k　）であるか否かにかかわらず，財務諸表作成時に（　i　）な情報を使用しなかったことによる，またはこれを誤用したことによる会計上の見積りの誤り，会計方針の適用の誤りなどをいう。過去の財務諸表における誤謬が発見された場合には，表示する各期間の財務諸表を（　l　）する。

(a)		(b)		(c)	
(d)		(e)		(f)	
(g)		(h)		(i)	
(j)		(k)		(l)	

問題 6-2 以下の各文のうち，「会計方針の開示，会計上の変更及び誤謬の訂正に関する会計基準」に照らして，正しい文として最も適切なものを1つ選びなさい。

(1) 会計上の変更とは，会計方針の変更，表示方法の変更，会計上の見積りの変更および過去の財務諸表における誤謬の訂正をいう。

(2) 会計基準等の改正に伴って会計方針の変更を行う場合には，新たな会計方針を過去の期間のすべてに遡及適用しなければならない。

(3) 財務諸表の表示方法を変更した場合において，表示する過去の財務諸表のうち，表示方法の変更に関する原則的な取扱いが実務上不可能なときは，財務諸表の組替えが実行可能な最も古い期間から新たな表示方法を適用する。

(4) 会計方針の変更を会計上の見積りの変更と区別することが困難な場合については，会計方針の変更として取り扱い，遡及適用を行う。

問題 6-3 次の［資料］に基づき，下記の財務諸表（抜粋）に関して，□□に記入すべき金額を答えなさい。

［資 料］

1. 当社の決算日は3月31日である。また，当社は，2期分の財務諸表を開示している。

2. 当社は，当会計年度（20X5年3月期）より，通常の販売目的で保有する棚卸資産（商品および製品）の評価方法を総平均法から先入先出法に変更した。

3. 先入先出法を過去の期間のすべてに遡及適用することは可能である。なお，前会計年度（20X4年3月期）における遡及処理前の利益剰余金期首残高は351,000千円であった。

4. 前会計年度（20X4年3月期）の当該棚卸資産の増減について，従来の方法である総平均法を適用した場合の金額と先入先出法を遡及適用した場合の金額は，次のとおりである。なお，払出高は，すべて販売されたものである。

(単位：千円)

	前会計年度 期首残高	前会計年度 仕入高	前会計年度 払出高	前会計年度 期末残高
総平均法（従来の方法）	210,500	851,000	774,000	287,500
先入先出法を遡及適用した場合	285,300	851,000	768,000	368,300

5. 前会計年度（20X4年3月期）において，売上高は955,000千円であり，当該棚卸資産に先入先出法を遡及適用する前の税引前当期純利益は28,500千円であった。

6. 当会計年度（20X5年3月期）の各表示科目の金額は，下記の財務諸表（抜粋）に記載してあるとおりである。

7. 収益性の低下に基づく簿価の切下げについては考慮しないものとする。また，税効果会計についても考慮しないものとする。

当会計年度（20X5年3月期）における財務諸表（遡及処理後）

① 貸借対照表（抜粋）

（単位：千円）

	前会計年度 （20X4年3月31日）	当会計年度 （20X5年3月31日）
資産の部 　流動資産		
……	……	……
商品および製品	①	352,700
……	……	……

② 損益計算書（抜粋）

（単位：千円）

	前会計年度 （20X4年3月31日）	当会計年度 （20X5年3月31日）
売上高	955,000	987,000
売上原価	②	798,000
……	……	……
税引前当期純利益	③	47,700
……	……	……

③ 株主資本等変動計算書（抜粋）

（単位：千円）

	前会計年度 （20X4年3月31日）	当会計年度 （20X5年3月31日）
株主資本		
……	……	……
利益剰余金		
当期首残高	④	397,200
会計方針の変更による累積的影響額	⑤	－
遡及処理後当期首残高	⑥	－
……	……	……

（単位：千円）

①		②		③	
④		⑤		⑥	

問題 6-4 次の［資料］に基づき，下記の貸借対照表（抜粋）に関して，□に記入すべき科目および金額を答えなさい。

[資 料]

1．当社の決算日は3月31日である。また，当社は，2期分の財務諸表を開示している。

2．当社は，当会計年度（20X5年3月期）より，従来，「投資その他の資産」の「その他」に含めていた「長期貸付金」の金額的重要性が増したため，これを独立掲記する表示方法の変更を行った。

3．前会計年度末（20X4年3月31日）の「投資その他の資産」における「その他」の額は9,300千円であり，これには「長期貸付金」5,150千円が含まれていた。また，「投資その他の資産」の合計額は93,500千円であった。

4．当会計年度末（20X5年3月31日）の「投資その他の資産」の諸項目の額および合計額は，下記の貸借対照表（抜粋）に記載してあるとおりである。

当会計年度（20X5年3月期）における貸借対照表（抜粋）

（単位：千円）

	前会計年度 （20X4年3月31日）	当会計年度 （20X5年3月31日）
資産の部		
固定資産		
投資その他の資産		
……	……	……
長期貸付金	①	10,200
その他	②	4,500
投資その他の資産合計	③	95,200
……	……	……

（単位：千円）

①		②		③	

問題 6-5　次の取引について，A社の仕訳を示しなさい。

⑴　A社は，前期の決算において，B社に対する債権200,000千円（貸倒懸念債権に該当する）について，当該債権に係る担保の処分見込額等に基づき貸倒引当金80,000千円を計上した。しかし，A社が当期の決算にあたり，新たに入手可能となった情報に基づき当該債権に対する貸倒見積額を算定したところ，その額は72,000千円であった。なお，A社は，差額補充法によって貸倒引当金を設定している。

⑵　A社は，当期の期首に機械装置の大規模修繕を行い，この修繕費22,000千円を現金で支払った。なお，A社は，この修繕の支出に備えて，前期以前の3期間にわたり入手可能な情報に基づき7,000千円ずつ特別修繕引当金を計上してきている。

（単位：千円）

	借 方 科 目	金 額	貸 方 科 目	金 額
⑴				
⑵				

問題 6-6　取得原価1,500,000千円（耐用年数10年，残存価額を0とする）の機械について，定額法による減価償却を行っている。2年間償却後，第3年度において新たに得られた情報に基づき，従来の耐用年数10年を6年に見直す会計上の見積りの変更を行った。よって，第3年度の決算における減価償却に関する仕訳を示しなさい。

（単位：千円）

借 方 科 目	金 額	貸 方 科 目	金 額

問題 6-7　取得原価2,000,000千円（耐用年数8年，残存価額を取得原価の10％とする）の機械について，定率法（償却率：年25.0％）による減価償却を行っている。3年間償却後，第4年度において減価償却方法を従来の定率法から定額法に変更する会計方針の変更を行った。よって，第4年度の決算における減価償却に関する仕訳を示しなさい。

（単位：千円）

借 方 科 目	金 額	貸 方 科 目	金 額

第 7 章 本支店会計

学習のポイント

1　本支店合併財務諸表は，おおむね次の手順に従って作成される。

(1)　本支店がそれぞれ決算整理前残高試算表を作成する。

(2)　本支店とも通常の期末決算整理を行う。支店の損益勘定で確定した純利益は，支店において「本店勘定」の貸方に振り替えられ，本店ではこれを「支店勘定」の借方に記入する。

(3)　棚卸資産に付加された内部利益を控除する。内部利益は，次の式によって計算できる。

$$内部利益＝内部利益を含む商品棚卸高 \times \frac{利益付加率}{1＋利益付加率}$$

2　本支店合併損益計算書の作成にあたっては，次の2点に注意する。

(1)　本支店間の取引による内部売上と内部仕入は相殺し，本支店合併損益計算書には表示しない。同様に，本支店間で授受された利息や賃貸料も相殺する。

(2)　期首商品棚卸高と期末商品棚卸高は，内部利益を直接控除した金額を記載する。

3　本支店合併貸借対照表の作成にあたっては，次の2点に注意する。

(1)　「支店勘定」と「本店勘定」は相殺消去し，本支店合併貸借対照表には表示しない。

(2)　商品に付加された内部利益は直接控除し，本支店合併貸借対照表に繰延内部利益のような科目は表示しない。

問題 7-1　下記の［資料］に基づいて，次の各問に答えなさい。

問1　本支店勘定と本支店間取引の相殺仕訳を示しなさい。

問2　期首商品と期末商品に付加された内部利益を控除する仕訳を示しなさい。

問3　本支店合併損益計算書の売上原価の区分を完成しなさい。

[資料] 決算整理前残高試算表

残 高 試 算 表　　　　　　　　　　（単位：千円）

借方科目	本 店	支 店	貸方科目	本 店	支 店
現 金 預 金	83,000	50,000	買 掛 金	34,000	－
売 掛 金	14,000	28,000	繰 延 内 部 利 益	3,000	－
繰 越 商 品	35,000	18,000	資 本 金	120,000	－
支 店	53,000	－	繰越利益剰余金	30,000	
仕 入	450,000	－	本 店	－	53,000
本 店 か ら 仕 入	－	168,000	売 上	347,000	262,000
営 業 費	67,000	51,000	支 店 へ 売 上	168,000	－
	702,000	315,000		702,000	315,000

注1）本店が支店に販売する商品には原価の20％の利益が付加されており，支店は本店からのみ仕入れている。

注2）期末手許商品棚卸高は，本店27,000千円，支店32,400千円である。

問1　本支店勘定と本支店間取引の相殺仕訳　　　　　　　　　（単位：千円）

	借 方 科 目	金 額	貸 方 科 目	金 額
①				
②				

問2　期首商品と期末商品に付加された内部利益を控除する仕訳　　（単位：千円）

	借 方 科 目	金 額	貸 方 科 目	金 額
①				
②				

問3　本支店合併損益計算書の売上原価の区分

本支店合併損益計算書　　　（単位：千円）

Ⅰ　売上高　　　　　　　　　　　　　　　（　　　　　）
Ⅱ　売上原価
　　1　期首商品棚卸高　　　　（　　　　　）
　　2　当期商品仕入高　　　　（　　　　　）
　　　　　合　計　　　　　　　（　　　　　）
　　3　期末商品棚卸高　　　　（　　　　　）（　　　　　）
　　　　売上総利益　　　　　　　　　　　　（　　　　　）

問題 7-2 次の［資料］に基づき，(1)本店の損益勘定，(2)支店の損益勘定および(3)総合損益勘定を作成しなさい。

[資料1] 決算整理前残高試算表

残 高 試 算 表　　　　　　　　（単位：千円）

借方科目	本　店	支　店	貸方科目	本　店	支　店
現 金 預 金	91,000	60,000	支 払 手 形	62,000	17,500
受 取 手 形	39,000	28,000	買 掛 金	74,300	30,310
売 掛 金	32,000	16,000	貸 倒 引 当 金	250	140
繰 越 商 品	53,000	20,250	減価償却累計額	43,000	10,500
備 品	80,000	50,000	繰 延 内 部 利 益	2,250	－
支 店	115,000	－	資 本 金	150,000	－
仕 入	605,000	55,000	繰越利益剰余金	30,000	－
本 店 か ら 仕 入	－	262,200	本 店	－	115,000
営 業 費	97,000	47,000	売 上	488,000	365,000
			支 店 へ 売 上	262,200	－
	1,112,000	538,450		1,112,000	538,450

[資料2] 決算整理事項

① 期末商品棚卸高

本店　55,000千円

支店　28,200千円（本店からの仕入分は25,300千円であり，原価の15％の利益が付加されている。）

なお，すべての商品について，収益性の低下に基づく評価損は生じていない。

② 売上債権の期末残高に対して，1％の貸倒引当金を設定する（差額補充法）。

③ 備品に関する減価償却費を計上する。　本店　7,200千円　支店　3,200千円

損　益（本　店）　　　（単位：千円）

損　益（支　店）　　　（単位：千円）

総　合　損　益　　　（単位：千円）

問題 **7-3** 次の ［資料］ に基づいて，本支店合併損益計算書（報告式・区分式）と本支店合併貸借対照表（勘定式・無区分式）を作成しなさい。

［**資料1**］ 決算整理前残高試算表

残 高 試 算 表 （単位：千円）

借方科目	本　店	支　店	貸方科目	本　店	支　店
現 金 預 金	81,000	54,000	買 掛 金	47,000	16,850
受 取 手 形	43,000	17,000	貸 倒 引 当 金	500	300
売 掛 金	36,000	19,000	繰 延 内 部 利 益	500	–
有 価 証 券	45,000	–	減価償却累計額	26,000	10,800
繰 越 商 品	37,000	14,000	資 本 金	300,000	–
備 品	80,000	30,000	繰越利益剰余金	14,600	–
支 店	97,500	–	本 店	–	97,500
仕 入	550,000	85,000	売 上	600,000	220,000
本 店 か ら 仕 入	–	93,500	支 店 へ 売 上	93,500	
販 売 諸 経 費	102,000	31,450	営 業 外 収 益	1,900	–
営 業 外 費 用	12,500	1,500			
	1,084,000	345,450		1,084,000	345,450

［**資料2**］ 決算整理事項

(1) 期末手許商品棚卸高は，次のとおりである。

　　本店　30,000千円

　　支店　15,650千円（このうち本店からの仕入分は9,350千円）

　　本店の期末商品には，品質低下による評価損300千円が発生している。この評価損は売上原価に算入する。なお，本店から支店への売上には，原価の10％の利益が付加されている。

(2) 売上債権の期末残高に対して，2％の貸倒引当金を設定する（差額補充法）。決算整理前残高試算表の貸倒引当金残高の内訳は，受取手形450千円，売掛金350千円である。

(3) 本店の売掛金には，外貨建売掛金7,200千円（80千ドル。取得時の為替相場は1ドルが90円，決算日の為替相場は1ドルが100円であった）が含まれている。

(4) 備品の減価償却費を次のとおり計上する。

　　本店　8,500千円　　支店　3,100千円

(5) 本店に販売諸経費の前払分800千円がある。

(6) 有価証券はすべてトレーディング目的で保有する有価証券で，当期に購入した上場株式である。その内訳は，次のとおりである。

	取得原価	時　価
A社株式	18,000千円	18,300千円
B社株式	4,500千円	3,900千円
C社株式	250千ドル	220千ドル

　　　　注）C社株式取得時の為替相場は，1ドルが90円であった。

本支店合併損益計算書　　　（単位：千円）

Ⅰ　売上高　　　　　　　　　　　　　　　　　（　　　　　　　）
Ⅱ　売上原価
　　1　期首商品棚卸高　　　　（　　　　　）
　　2　当期商品仕入高　　　　（　　　　　）
　　　　　合　計　　　　　　　（　　　　　）
　　3　期末商品棚卸高　　　　（　　　　　）
　　　　　差　引　　　　　　　（　　　　　）
　　4　商品評価損　　　　　　（　　　　　）　（　　　　　　　）
　　　　　売上総利益　　　　　　　　　　　　（　　　　　　　）
Ⅲ　販売費及び一般管理費
　　1　販売諸経費　　　　　　（　　　　　）
　　2　減価償却費　　　　　　（　　　　　）
　　3　貸倒引当金繰入　　　　（　　　　　）　（　　　　　　　）
　　　　　営業利益　　　　　　　　　　　　　（　　　　　　　）
Ⅳ　営業外収益　　　　　　　　　　　　　　　（　　　　　　　）
Ⅴ　営業外費用　　　　　　　　　　　　　　　（　　　　　　　）
　　　　　当期純利益　　　　　　　　　　　　（　　　　　　　）

本支店合併貸借対照表　　　　　　　（単位：千円）

現 金 預 金		（　　　　　）	買 　 掛 　 金	（　　　　　）
受 取 手 形	（　　　　　）		資 　 本 　 金	（　　　　　）
貸 倒 引 当 金	△（　　　　　）	（　　　　　）	繰 越 利 益 剰 余 金	（　　　　　）
売 　 掛 　 金	（　　　　　）			
貸 倒 引 当 金	△（　　　　　）	（　　　　　）		
有 価 証 券		（　　　　　）		
商 　 　 　 品		（　　　　　）		
前 払 費 用		（　　　　　）		
備 　 　 　 品	（　　　　　）			
減価償却累計額	△（　　　　　）	（　　　　　）		
		（　　　　　）		（　　　　　）

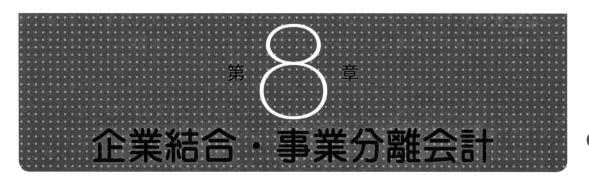

学習のポイント

1　企業結合会計および事業分離会計の基本的な考え方を理解する。

2　「取得」に適用されるパーチェス法による一連の処理を習得する。

3　のれんおよび負ののれんの処理方法の違いを整理し，その基礎にある考え方を理解する。

4　事業分離における分離元企業の会計処理方法の基礎にある考え方を理解し，処理方法を習得する。

問題 8-1　企業結合および事業分離に関する次の各文章について，現行の企業会計基準第21号「企業結合に関する会計基準」および企業会計基準第7号「事業分離等に関する会計基準」に照らして，正しいものには○を，誤っているものには×を「正誤」欄に記入しなさい。また，誤っていると判断した文章については，「理由」欄に誤っていると判断した根拠を記述しなさい。

(1)　企業結合の経済的実態は取得とみなされるため，その会計処理はすべてパーチェス法によって行われる。

(2)　パーチェス法において，取得原価が被取得企業から受け入れた資産および引き受けた負債に配分された純額を上回る場合には，その超過額はのれんとされる。

(3)　取得原価が受け入れた資産および引き受けた負債に配分された純額を下回り，負ののれんが生じると見込まれる場合には，取得企業は当該不足額をそれが生じた事業年度の利益として処理する。

(4)　事業分離取引において，移転した事業の対価として現金を受け取った場合には，分離元企業は移転損益を認識しない。

	正誤	理　　由
(1)		
(2)		
(3)		
(4)		

問題 8-2 現行の企業会計基準第21号「企業結合に関する会計基準」および企業会計基準第7号「事業分離等に関する会計基準」に関する次の文章について，____内に適切な語句・数値を記入しなさい。

(1) 「取得」とは，ある企業が他の企業または他の企業を構成する事業に対する ⎡A⎤ を獲得することをいう。ここでいう ⎡A⎤ とは，ある企業または企業を構成する事業の活動から ⎡B⎤ を享受するために，その企業または事業の ⎡C⎤ を左右する能力を有していることをいう。

(2) 「取得」の会計処理は ⎡D⎤ によって行われる。⎡D⎤ は，⎡E⎤ から受け入れる資産および負債の取得原価を，対価として交付する現金や株式等の ⎡F⎤ とする方法であり，取得企業の決定，取得原価の算定および取得原価の ⎡G⎤ という一連の手続からなる。

(3) 支払対価として取得企業の株式が交付された場合，支払対価の ⎡F⎤ と被取得企業（または事業）の ⎡F⎤ のうち，より高い ⎡H⎤ をもって測定可能な ⎡F⎤ を取得原価とする。なお，交付される株式に市場価格がある場合には，原則として企業結合日における ⎡I⎤ を，支払対価の ⎡F⎤ とする。

(4) のれんは ⎡J⎤ に計上し，⎡K⎤ 年以内のその効果の及ぶ期間にわたって，⎡L⎤ その他合理的な方法により規則的に償却する。ただし，のれんの ⎡M⎤ に重要性が乏しい場合には，当該のれんが生じた事業年度の ⎡N⎤ として処理することができる。

(5) 事業分離取引を行った分離元企業は，移転した事業に関する投資が ⎡O⎤ されたとみる場合には，受取対価の ⎡F⎤ と移転した事業にかかる ⎡P⎤ との差額を ⎡Q⎤ として認識するとともに，改めて当該受取対価の ⎡F⎤ にて投資を行ったものとして処理する。他方，移転した事業に関する投資が ⎡R⎤ しているとみる場合には，⎡Q⎤ は認識されない。

A		B		C	
D		E		F	
G		H		I	
J		K		L	
M		N		O	
P		Q		R	

問題 8-3 甲株式会社（以下，甲社）は乙株式会社（以下，乙社）を吸収合併する。以下の［資料］に基づいて，甲社の吸収合併の仕訳を示しなさい。なお，合併により新たに生じる項目は独立の項目として処理すること。

[資　料]

1　甲社は吸収合併に際して乙社の株主に甲社株式100千株を交付した（企業結合日における時価は1株当たり6,000円であった）。その際，20千株については自己株式（1株当たりの帳簿価額は5,500円）を交付し，残る80千株については新たに株式を発行した。この結果，甲社が取得企業となった。

2　合併直前の乙社の資産および負債の状況は以下のとおりであった。

（単位：千円）

項目	流動資産	固定資産	繰延資産	諸負債
帳簿価額	250,000	540,000	10,000	350,000
時価	260,000	640,000	0	330,000

3　吸収合併契約により，甲社の増加資本のうち300,000千円を資本金とし，残額は資本準備金とする。

4　［資料］より判明しない事項はすべて無視すること。

甲社の吸収合併の仕訳　　　　　　　　　　　　　　　（単位：千円）

借　方　科　目	金　　額	貸　方　科　目	金　　額

問題 8-4 株式会社千代田商事（以下，C社）は港物産株式会社（以下，M社）を吸収合併した。以下の［資料］に基づいて，下記の各問に答えなさい。

［資 料］

1 吸収合併直前のM社の貸借対照表は以下のとおりである。

M社		貸借対照表	（単位：円）
資　産	金　額	負債・純資産	金　額
諸　資　産	5,000,000	諸　負　債	3,100,000
		資　本　金	1,500,000
		資　本　剰　余　金	190,000
		利　益　剰　余　金	210,000
	5,000,000		5,000,000

※　企業結合日における諸資産の時価は520万円であり，諸負債の時価は300万円であった。

2 本吸収合併ではC社が取得企業と判定された。

3 ［資料］より判明しない事項はすべて無視すること。

問1　M社の株主に対しC社株式2,100株（株式市場における時価は1株当たり1,000円）を交付した場合の，のれんまたは負ののれんの金額を答えなさい。なお，負ののれんの場合には，金額の前に「△」を付すこと（以下同様とする）。

問2　M社の株主に対しC社株式1,800株（株式市場における時価は1株当たり900円）に加え，現金780,000円を交付した場合ののれんまたは負ののれんの金額を答えなさい。

問1 □□□□□□ 円

問2 □□□□□□ 円

問題 8−5 株式会社P社（以下，P社）は株式会社S社（以下，S社）と株式交換を行った。当該株式交換に関する以下の［資料］に基づいて，下記の各問に答えなさい。

［資 料］

1　株式交換では，P社が完全親会社，S社が完全子会社となる。株式交換比率は1株当たり企業評価額によって計算し，企業評価額は株式市価法によって算定する。株式市価法に用いる株式市場価格は株式交換前3カ月間の平均株価とし，3カ月間の株価総額の平均値はそれぞれP社が2,494百万円であり，S社が406百万円であった。

2　株式交換直前におけるP社の発行済株式総数は43,000株であり，S社の発行済株式総数は35,000株であった。両社とも議決権付株式のみを発行しており，ここ数年発行済株式総数に変化はなかった。

3　株式交換日におけるP社株式の株価は60,000円，S社株式の株価は12,000円であった。

4　P社は，S社株主に交付する株式すべてを新たに発行する。これに伴う増加資本のうち190,000千円を資本金とし，残額を資本剰余金とする。

5　株式交換直前のS社の貸借対照表は，以下のとおりであった。

S社	貸借対照表		（単位：千円）
資　産	金　額	負債・純資産	金　額
現　金　預　金	150,000	諸　　負　　債	200,000
棚　卸　資　産	120,000	資　　本　　金	90,000
土　　　　　地	110,000	資　本　剰　余　金	120,000
建　　　　　物	120,000	利　益　剰　余　金	90,000
	500,000		500,000

※　企業結合日における土地の時価は140,000千円であり，土地以外の資産および諸負債の時価は帳簿価額と一致していた。

6　［資料］より判明しない事項はすべて無視すること。

問1　取得企業の判定に関する以下の文章を読み，括弧内に適切な語句・数値を記入しなさい。

株式市価法による企業評価額を計算すると，1株当たり企業評価額はP社が（　　　　　）円，S社が（　　　　　）円となる。したがって，株式交換比率はP社：S社＝1：（　　　　　）となる。この交換比率から，P社がS社株主に交付する株式数は（　　　　　）株となるため，本株式交換における取得企業は（　　　　　）社である。

問2　P社の個別財務諸表上で必要となる株式交換に関する仕訳を示しなさい。

（単位：千円）

借　方　科　目	金　額	貸　方　科　目	金　額

問3　株式交換によってP社の連結貸借対照表に計上されることとなるのれんの金額を答えなさい。なお，負ののれんが生じる場合には，金額の前に「△」を付すこと。

[   ] 千円

問題 8−6　甲事業と乙事業を営むA株式会社（以下，A社）は，20X5年4月1日にB株式会社（以下，B社）との間で吸収分割を行うこととした。吸収分割によって乙事業をB社に移転する。当該吸収分割に関する以下の［資料］に基づいて，下記の各問に答えなさい。

[資　料]

1　会社分割直前のA社の貸借対照表は以下のとおりであった。

A社　　　　　　　　　　　　　　貸借対照表　　　　　　　　　　（単位：円）

資　産	金　額	負債・純資産	金　額
甲 事 業 資 産	900,000	甲 事 業 負 債	100,000
乙 事 業 資 産	130,000	乙 事 業 負 債	25,000
		資　本　金	500,000
		資 本 準 備 金	100,000
		利 益 準 備 金	25,000
		その他利益剰余金	280,000
	1,030,000		1,030,000

2　会社分割に伴い，乙事業を受け入れるB社は新たに2,000株を発行し，A社に割り当てる。B社の増加資本のうち，50,000円を資本金，30,000円を資本準備金とし，残額はその他資本剰余金とする。

3　事業分離日における甲事業および乙事業の資産および負債の時価は，それぞれ以下のとおりであった。

甲事業資産	1,030,000　円
甲事業負債	80,000　円

乙事業資産	150,000　円
乙事業負債	30,000　円

4　事業分離日におけるB社株式の時価は，1株当たり70円であった。

5　本吸収分割により，B社は乙事業に対する支配を獲得した。他方A社にとってB社は子会社または関連会社のいずれにも該当せず，A社の乙事業に対する事業分離後の継続的関与は認められない（A社は受け取ったB社株式をその他有価証券に分類する）。

6　［資料］より判明しない事項はすべて無視すること。

62

問1 上記の吸収分割に関して A 社で必要となる仕訳を示しなさい。

借　方　科　目	金　　額	貸　方　科　目	金　　額

問2 上記の吸収分割に関して B 社で必要となる仕訳を示しなさい。

借　方　科　目	金　　額	貸　方　科　目	金　　額

問題 **8－7**　資産として計上されたのれんの会計処理については，(a)規則的な償却を行う方法と(b)規則的な償却を行わず，のれんの価値が損なわれたときに減損処理を行う方法の2種類が考えられる。現行の「企業結合に関する会計基準」では，(a)の方法が採用されているが，これは(a)の方法にいくつかの理論的な長所があるためとされる。そこで，これらの長所のうち2つを挙げ，それぞれ簡単に説明しなさい。

①	
②	

第 **9** 章

連結会計

┌─ **学習のポイント** ─┐

1　連結財務諸表の意義と目的，構成を理解する。

2　連結財務諸表作成のための一般原則と一般基準を整理する。

3　以下の一連の手続を習得する。個々の論点はもちろんのこと，全体の流れを把握すること。

  ・子会社の資産および負債の評価

  ・資本連結

  ・支配獲得後に生じた子会社の剰余金の処理

  ・債権と債務の相殺消去

  ・連結会社相互間の取引高の相殺消去

  ・未実現損益の消去

4　連結税効果会計の処理方法を習得する。

5　持分法における一連の手続を習得する。

6　連結キャッシュ・フロー計算書の作成方法を習得する。

問題 **9－1**　連結財務諸表作成のための前提事項に関する次の文章について，現行の企業会計基準第22号「連結財務諸表に関する会計基準」に基づいて，⬜内に適切な語句・数値を記入しなさい。

(1)　他の企業の意思決定機関を支配している企業には，他の企業の議決権の⬜A⬜を自己の計算において所有している企業のほか，例えば，他の企業の議決権の⬜B⬜以上，⬜C⬜以下を自己の計算において所有している企業であって，かつ，自己と出資，人事，資金，技術，取引等において⬜D⬜があることにより，自己の意思と⬜E⬜の議決権を行使すると認められる者および⬜E⬜の議決権行使に⬜F⬜が所有している議決権とを合わせて，他の企業の議決権の⬜A⬜を占めている場合の，当該企業が該当する。また，ある企業の⬜G⬜である者またはこれらであった者で，他の企業の財務および営業の⬜H⬜に影響を与えられる者が，当該他の企業の⬜I⬜等の構成員の⬜A⬜を占めている場合などでも，当該ある企業は他の企業を支配し得る。

(2)　連結財務諸表の作成を行う連結会計期間は1年とし，⬜J⬜の会計期間と一致させて，⬜J⬜の決算日を⬜K⬜とする。⬜L⬜の決算日が⬜K⬜と異なる場合には，⬜L⬜は⬜K⬜において⬜M⬜に準ずる合理的な手続により決算を行う。ただし，決算日の差異が⬜N⬜を超えない場合には，追加の手続を実施しないことができる。

(3) 　O　下で行われた　P　の取引等について，　J　および　L　が採用する会計処理の原則および手続は，原則として　Q　する。

A		B		C	
D		E		F	
G		H		I	
J		K		L	
M		N		O	
P		Q			

問題 9−2　以下の各ケースについて，A社がP社の子会社に該当する場合には○を，該当しない場合には×をそれぞれ解答欄に記入しなさい。なお，ケースごとに条件は独立しているものとする。

(1) P社はA社の議決権付株式の48%を保有しており，P社以外の株主はいずれも5%未満しか保有していない。A社の取締役全7名中5名はP社の元取締役である。

(2) P社はA社の議決権付株式の70%を保有しているが，A社は破産会社であり破産管財人の管理下にある。

(3) P社はA社の議決権付株式の50%，B社の議決権付株式の80%を保有しており，B社はA社の議決権付株式の25%を保有している。

(4) P社はA社の議決権付株式の40%を保有しており，かつA社の借入総額100億円のうち，45億円はP社が融資したものである。

(1)		(2)		(3)		(4)	

問題 9−3　以下に示した現行の企業会計基準第22号「連結財務諸表に関する会計基準」第10項の規定に関して，以下の各問に答えなさい。

> 10. 連結財務諸表は，企業集団に属する親会社および子会社が　ア　企業会計の基準に準拠して作成した　イ　を基礎として作成しなければならない。

問1　上記の文章中の空欄ア，イにあてはまる適切な語句を答えなさい。

ア		イ	

問2　上記の規定は一般に何の原則と呼ばれているか，名称を答えなさい。

	の原則

問3 上記の原則には2つの意味があるといわれるが，どのような意味合いか説明しなさい。

問題 **9-4** 株式会社P社（以下，P社）は，20X3年3月31日に株式会社S社（以下，S社）の発行済株式の80％を240,000千円で現金購入してS社を子会社とした。以下の［資料］に基づいて，20X3年3月期の連結貸借対照表を作成しなさい。

［資 料］

1　20X3年3月31日におけるP社およびS社の貸借対照表は以下のとおりであった（両社とも決算日は毎年3月31日である）。

貸 借 対 照 表　　　　　　　　　　　（単位：千円）

資　産	P　社	S　社	負債・純資産	P　社	S　社
流 動 資 産	450,000	240,000	流 動 負 債	300,000	120,000
固 定 資 産	210,000	90,000	固 定 負 債	360,000	60,000
子 会 社 株 式	240,000	－	資 本 金	180,000	120,000
			利 益 剰 余 金	60,000	30,000
	900,000	330,000		900,000	330,000

2　P社のS社株式取得日におけるS社の資産および負債の時価は，以下のとおりであった。

流動資産	300,000　千円	固定資産	135,000　千円
流動負債	105,000　千円	固定負債	60,000　千円

3　連結修正によって新たに生じた項目は，個別貸借対照表上の項目に含めずに，独立の項目として記載すること。なお，連結貸借対照表の空欄はすべて埋まるとは限らない。

4　［資料］より判明しない事項はすべて無視すること。

連 結 貸 借 対 照 表　　　　　　　（単位：千円）

資　産	金　額	負債・純資産	金　額
流 動 資 産	（　　　　）	流 動 負 債	（　　　　）
固 定 資 産	（　　　　）	固 定 負 債	（　　　　）
（　　　　）	（　　　　）	資 本 金	（　　　　）
（　　　　）	（　　　　）	利 益 剰 余 金	（　　　　）
		（　　　　）	（　　　　）
	（　　　　）		（　　　　）

問題 9-5　株式会社P社（以下，P社）は，20X1年3月31日に株式会社S社（以下，S社）の発行済株式の70％を200,000円で現金購入してS社を子会社とした。以下の［資料］に基づいて，20X2年3月期の連結貸借対照表を作成するための，連結精算表を完成しなさい。

［資　料］

1　P社によるS社株式購入日における，S社の資本の内訳は以下のとおりであった。なお，評価差額は固定資産に含まれる土地の時価上昇より生じたものであり，それ以外の資産および負債はすべて時価と簿価とが一致していた。S社の土地はここ数年売買していない。

資　本　金	100,000円	利益剰余金	40,000円	評　価　差　額	40,000円

2　のれんは計上年度の翌年度から10年にわたって毎期均等額を償却する。

3　20X2年3月期におけるP社およびS社の個別貸借対照表（資産および負債の時価評価前）は精算表に記載されている。

4　連結修正によって新たに生じた項目は，個別貸借対照表上の項目に含めずに，独立の項目として記載すること。

5　20X1年3月31日の株式取得以降，連結会社間での取引は行われていない。また，［資料］より判明しない事項はすべて無視すること。

連　結　精　算　表
（単位：円）

項　目	個別財務諸表		連結修正		連結貸借対照表
	P社	S社	借方	貸方	
流　動　資　産	650,000	320,000			
固　定　資　産	240,000	150,000			
S　社　株　式	200,000	－			
（　　　　　　）	－	－			
合　　計	1,090,000	470,000			
流　動　負　債	（ 500,000）	（ 240,000）			
固　定　負　債	（ 200,000）	（ 70,000）			
資　　本　　金	（ 300,000）	（ 100,000）			
利　益　剰　余　金	（ 90,000）	（ 60,000）			
評　価　差　額	－	－			
（　　　　　　）	－	－			
合　　計	（1,090,000）	（ 470,000）			

※　貸方金額の場合には金額を（　）で括ること（「連結修正」欄を除く）。

問題 **9－6** 株式会社P社（以下，P社）は，20X2年3月31日現在，株式会社S社（以下，S社）の発行済株式の60%を保有しており，S社を子会社としている。以下の［資料］より判明する範囲で，20X2年3月期（以下，当期）の連結財務諸表を作成するために必要となる連結修正仕訳を，解答欄に従って示しなさい（仕訳に用いる項目は，連結財務諸表一式を作成しているものとして判断すること）。

［資 料］

1 P社は過年度よりS社および企業集団外部の得意先に対して商品販売を行っており，出荷基準によって売上計上を行っている。当期のS社向け販売高は250,000千円であったが，このうち10,000千円（掛販売）は連結決算日現在，S社に未達であった。S社はP社のみから商品仕入を行い，企業集団外部の得意先に対して販売している。なお，前期末においてはP社仕入商品に未達はなかった。

2 P社およびS社は，すべての顧客に対して，過年度より毎期一定の利益率にて商品販売を行っている。

3 P社およびS社の個別損益計算書（一部）は以下のとおりであった。なお，S社の期末商品棚卸高には，上記未達商品は反映されていない。（　）内は各自推定すること。

損 益 計 算 書（一部）（単位：千円）

	P社	S社
売　　上　　高	1,200,000	360,000
売　上　原　価	（　　　　　）	（　　　　　）
売　上　総　利　益	（　　　　　）	（　　　　　）

※　売上原価の内訳は，以下のとおりである。

売上原価の内訳	P社	S社
期首商品棚卸高	150,000	70,000
当期商品仕入高	900,000	（　　　　　）
合　　　計	1,050,000	（　　　　　）
期末商品棚卸高	90,000	40,000
売上原価	960,000	（　　　　　）

4 ［資料］より判明しない事項はすべて無視すること。

・商品未達処理の仕訳　　　　　　　　　　　　　　　　　　　　　（単位：千円）

借　方　科　目	金　　額	貸　方　科　目	金　　額

・取引高の相殺消去仕訳　　　　　　　　　　　　　　　　　　　　（単位：千円）

借　方　科　目	金　　額	貸　方　科　目	金　　額

- 期首商品に含まれる未実現利益の消去仕訳　　　　　　　　　　　　　　　（単位：千円）

借　方　科　目	金　　額	貸　方　科　目	金　　額

- 期末商品に含まれる未実現利益の消去仕訳　　　　　　　　　　　　　　　（単位：千円）

借　方　科　目	金　　額	貸　方　科　目	金　　額

問題 9－7　以下の［資料］に基づいて，棚卸資産の未実現利益消去のための仕訳を解答欄に従って示すとともに，当期の連結貸借対照表に計上される製品Xの金額を計算しなさい。なお，仕訳に用いる項目は，連結財務諸表一式を作成しているものとして判断すること。

[資　料]

1　P社は過年度よりS社の議決権付株式の80％とR社の議決権付株式の60％を保有しており，両社を子会社として連結財務諸表を作成している。

2　S社は当期より，利益付加率20％にて自社で製造している製品XのP社向け販売を開始した。P社はS社より仕入れた製品Xを，原価率80％でR社に向けて販売しており，R社はこの製品Xを利益率15％で企業集団外部に販売している。なお，いずれの連結会社も出荷基準によって売上を計上している。

3　P社，S社およびR社における製品Xの当期末棚卸高は以下のとおりであった。なお，未達製品はない。

P　社	S　社	R　社
840百万円	800百万円	1,350百万円

4　［資料］より判明しない事項はすべて無視すること。

- P社の期末棚卸資産に含まれる未実現利益の消去仕訳　　　　　　　　　　（単位：千円）

借　方　科　目	金　　額	貸　方　科　目	金　　額

- R社の期末棚卸資産に含まれる未実現利益の消去仕訳　　　　　　　　　　（単位：千円）

借　方　科　目	金　　額	貸　方　科　目	金　　額

- 当期の連結貸借対照表における製品Xの計上額

	千円

問題 9-8　P社は過年度よりS社の発行済株式総数の60％を所有しており，同社を連結子会社としている。P社は20X1年度の期首において，建物（帳簿価額34,000,000円）を40,000,000円でS社より購入した。P社では，この建物について，耐用年数25年，残存価額はゼロとして定額法による減価償却を行っている（間接法で記帳）。

　以上の条件に基づいて，①20X1年度の連結財務諸表作成のための連結修正仕訳と，②20X2年度の連結修正仕訳を，それぞれ示しなさい。なお，仕訳に用いる項目は，連結財務諸表一式を作成しているものとして判断すること。

①　20X1年度の連結修正仕訳

借　方　科　目	金　　額	貸　方　科　目	金　　額

②　20X2年度の連結修正仕訳

借　方　科　目	金　　額	貸　方　科　目	金　　額

問題 9-9　以下の［資料］に基づいて，当期の連結損益及び包括利益計算書に関する各問に答えな
さい。

［資 料］

1　P社は過年度よりS社の議決権付株式の70％を保有し，同社を子会社として支配している。

2　P社およびS社の当期の株主資本等変動計算書（一部）は以下のとおりであった。なお，「△」
　　は減額項目であることを意味する。

株主資本等変動計算書　　　　（単位：千円）

	P社	S社
┊	┊	┊
利益剰余金		
当期首残高	200,000	120,000
当期変動額		
剰余金の配当	△35,000	△20,000
当期純利益	（　　　　）	（　　　　）
当期変動額合計	13,000	（　　　　）
当期末残高	（　　　　）	136,000
┊	┊	┊
その他有価証券評価差額金		
当期首残高	（　　　　）	3,000
当期変動額（純額）	2,500	（　　　　）
当期末残高	7,500	5,000
繰延ヘッジ損益		
当期首残高	0	－
当期変動額（純額）	（　　　　）	－
当期末残高	1,500	－
┊	┊	┊

※　括弧内は各自推定。

3　P社およびS社は当期首において過年度より保有していたその他有価証券の一部の売却を行っ
　　ている。その内容は以下のとおりである。

	取得原価	前期末時価	当期首売却額
P社	10,000千円	11,000千円	11,000千円
S社	7,000千円	7,500千円	7,500千円

4　当期におけるのれんの償却額は12,300千円であった。

5　税効果は考慮しない。また，その他［資料］より判明しない事項はすべて無視すること。

問1　当期の連結財務諸表作成のために，S社の当期純利益およびS社が当期に行った剰余金の配当に関して必要な連結修正仕訳を示しなさい。なお，仕訳に用いる項目は，連結財務諸表一式を作成しているものとして判断すること。

・当期純利益　　　　　　　　　　　　　　　　　　　　　　　　　　（単位：千円）

借　方　科　目	金　　額	貸　方　科　目	金　　額

・剰余金の配当　　　　　　　　　　　　　　　　　　　　　　　　　（単位：千円）

借　方　科　目	金　　額	貸　方　科　目	金　　額

問2　以下に示した1計算書方式による当期の連結損益及び包括利益計算書（一部）およびその他の包括利益の内訳の注記における空欄に適切な金額を記入しなさい。

連結損益及び包括利益計算書　　（単位：千円）

```
                            ：                      ：
当期純利益                            （          ）
  （内訳）
  親会社株主に帰属する当期純利益       （          ）
  非支配株主に帰属する当期純利益       （          ）
その他の包括利益：
  その他有価証券評価差額金             （          ）
  繰延ヘッジ損益                       （          ）
    その他の包括利益合計               （          ）
包括利益                              （          ）
  （内訳）
  親会社株主に係る包括利益             （          ）
  非支配株主に係る包括利益             （          ）


  その他の包括利益の内訳（減額項目には金額の前に「△」を付すこと）

        その他有価証券評価差額金：
          当期発生額                    （          ）
          組替調整額                    （          ）
        繰延ヘッジ損益：
          当期発生額                    （          ）
              その他の包括利益合計      （          ）
```

問題 9-10 連結貸借対照表に関する次の各文章について，現行の企業会計基準第21号「企業結合に関する会計基準」および企業会計基準第22号「連結財務諸表に関する会計基準」に照らして，正しいものには○を，誤っているものには×を，「正誤」欄に記入しなさい。また，誤っていると判断した文章については，「理由」欄に誤っていると判断した根拠を記述しなさい。

(1) のれんの計上に関し，非支配株主持分に係るのれんも計上すべきであるとの考え方もある。現行制度においては全面時価評価法を採用し，子会社のすべての資産および負債が支配獲得日の時価で評価されるため，のれんについても非支配株主持分に係る部分の計上が求められている。

(2) 借方に生じるのれんは，原則として，連結貸借対照表の資産の部に計上される。

(3) 非支配株主持分は，子会社の資本のうち親会社に帰属していない部分であり，連結財務諸表固有の項目であるため，負債の部と純資産の部の中間に，独立の区分を設けて表示される。

	正誤	理　　由
(1)		
(2)		
(3)		

問題 9-11 株式会社Ｐ社（以下，Ｐ社）は，20X5年度期首に株式会社Ｓ社（以下，Ｓ社）の議決権付株式の70％を取得して，Ｓ社を子会社として支配した。そこで20X7年度（以下，当期）に関する［資料］に基づいて，当期に必要となる連結修正仕訳を示しなさい。解答には，連結貸借対照表項目および連結損益計算書項目のみを用いること。

［資　料］

1 Ｓ社は20X5年度より，Ｐ社に向けて商品販売を行っている（すべて掛取引）。前期は利益率25％，当期は利益率30％であった。

2 Ｐ社の貸借対照表における棚卸資産に含まれるＳ社仕入商品は，前期末に8,000,000円，当期末に6,000,000円であった。

3 Ｓ社のＰ社向け売掛金の残高は，前期末に12,000,000円，当期末に15,000,000円であった。

4 Ｐ社およびＳ社は，いずれも売上債権の期末残高に対して，３％の貸倒引当金を差額補充法によって計上している。個別上，貸倒引当金は全額損金算入されているものとする。

5 税効果会計の適用にあたり，法定実効税率はＰ社が35％，Ｓ社が30％である。

6 ［資料］より判明しない事項はすべて無視すること。

借　方　科　目	金　　額	貸　方　科　目	金　　額

問題 9-12　連結キャッシュ・フロー計算書に関する次の各文章について，現行の「連結キャッシュ・フロー計算書等の作成基準」に照らして，正しいものには○を，誤っているものには×を，それぞれ解答欄に記入しなさい。

(1)　連結キャッシュ・フロー計算書が対象とする資金の範囲に現金同等物があるが，これには当座預金や普通預金等の要求払預金が含まれる。

(2)　連結キャッシュ・フロー計算書は，一連結会計期間における企業集団のキャッシュ・フローの状況を表示する書類であるから，連結キャッシュ・フロー計算書の作成上，連結会社間取引によって生じたキャッシュ・フローについても原則として相殺消去されない。

(3)　「投資活動によるキャッシュ・フロー」および「財務活動によるキャッシュ・フロー」は，主要な取引ごとにキャッシュ・フローを総額表示しなければならないが，期間が短く，かつ，回転が速い項目に係るキャッシュ・フローについては，純額で表示することができる。

(4)　「営業活動によるキャッシュ・フロー」の表示方法については，継続適用を条件として，純利益に必要な調整項目を加減して表示する簡便法と，主要な取引ごとにキャッシュ・フローを総額表示する原則法との選択適用が認められている。

(5)　受取配当金は，「投資活動によるキャッシュ・フロー」の区分に記載されるだけでなく，「営業活動によるキャッシュ・フロー」の区分に記載されることもある。

(6)　支払配当金は，「財務活動によるキャッシュ・フロー」の区分に記載されるだけでなく，「営業活動によるキャッシュ・フロー」の区分に記載されることもある。

(1)		(2)		(3)		(4)		(5)		(6)	

問題 9-13 株式会社甲社（以下，甲社）は，前期末に株式会社乙社（以下，乙社）の議決権付株式を対象とした公開買付を実施し，乙社の発行済株式総数の80％を200,000千円で取得した。そこで以下の［資料］に基づいて，①前期の連結貸借対照表における空欄(a)～(g)にあてはまる適切な語句・金額を解答欄に記入するとともに，②解答欄に示した当期の連結財務諸表を完成しなさい。

[資 料]

1 前期末の連結貸借対照表は以下のとおりであった。

連結貸借対照表 （単位：千円）

資　産	金　額	負債・純資産	金　額
現　金　預　金	121,760	買　　掛　　金	400,000
売　　掛　　金	（　a　）	未　　払　　金	（　e　）
棚　卸　資　産	274,000	借　　入　　金	460,000
建　　　　　物	152,000	貸　倒　引　当　金	11,760
土　　　　　地	（　b　）	資　　本　　金	200,000
（　　c　　）	（　d　）	利　益　剰　余　金	240,000
長　期　貸　付　金	150,000	（　　　f　　　）	（　g　）
	1,559,760		1,559,760

　　※　土地のうち230,000千円は甲社所有の土地である。また，未払金は販管費項目の未払高であり，取引慣行上，毎期生じるものである。

2 前期末における乙社の貸借対照表に関する情報は以下のとおりである。土地以外の資産および負債は，すべて時価と簿価が一致していた。

資　本　金	100,000千円	利　益　剰　余　金	60,000千円
土　地（簿価）	160,000千円	土　地（時価）	200,000千円

3 当期末における甲社および乙社の貸借対照表は以下のとおりであった。

貸借対照表 （単位：千円）

資　産	甲　社	乙　社	負債・純資産	甲　社	乙　社
現　金　預　金	115,320	66,440	買　　掛　　金	224,000	172,000
売　　掛　　金	272,000	188,000	未　　払　　金	96,000	114,000
棚　卸　資　産	156,000	100,000	借　　入　　金	330,000	274,000
建　　　　　物	84,000	100,000	貸　倒　引　当　金	8,160	5,640
土　　　　　地	230,000	260,000	資　　本　　金	200,000	100,000
長　期　貸　付　金	100,000	50,000	利　益　剰　余　金	299,160	98,800
子　会　社　株　式	200,000	－			
	1,157,320	764,440		1,157,320	764,440

　　※　甲社および乙社ともに，売掛金の期末残高に対して毎期3％の貸倒引当金を計上している。

4　当期における甲社および乙社の損益計算書は以下のとおりであった。

損　益　計　算　書　　　　　　　　　（単位：千円）

費　　用	甲　社	乙　社	収　　益	甲　社	乙　社
売 上 原 価	2,240,000	1,700,000	売 　上 　高	2,820,000	2,018,000
販 　管 　費	500,840	261,200	受 取 利 息	4,000	2,000
支 払 利 息	12,000	10,000	受 取 配 当 金	8,000	－
当 期 純 利 益	79,160	48,800			
	2,832,000	2,020,000		2,832,000	2,020,000

5　当期において甲社は20,000千円，乙社は10,000千円の利益剰余金の配当を行っている。

6　当期における有形固定資産の取得状況は以下のとおりであった。売却は甲社および乙社とも行っていないため，有形固定資産の減少要因は減価償却費の計上のみである（減価償却の記帳は直接法によっている）。

連結会社	取得資産	取得原価
甲社	建物	20,000千円
乙社	建物	40,000千円
	土地	100,000千円

7　当期における各連結会社の借入金の増減明細は以下のとおりであった。なお，連結会社間での金銭賃貸関係はない。

連結会社	期首残高	当期増加	当期減少	期末残高
甲社	318,000千円	80,000千円	68,000千円	330,000千円
乙社	142,000千円	160,000千円	28,000千円	274,000千円

8　乙社は当期より甲社に向けて商品販売を開始した（すべて掛販売で，出荷基準を採用している）。甲社は乙社より仕入れた商品を，企業集団外部に向けて販売している。当期の甲社向け売上高は300,000千円（原価率85％）であり，未達はなかった。当期末において，甲社には乙社に対する買掛金残高が64,000千円，乙社仕入商品の棚卸高が40,000千円ある。なお，前期以前に連結会社間取引によって生じた債権債務は一切なかった。

9　特に指示がない限り，いずれの取引も現金預金（現金および当座預金からなる）によって行われているものとして解答すること。なお，連結キャッシュ・フロー計算書の作成は簡便法によっている。

10　子会社の資産および負債の評価方法は全面時価評価法によっており，のれんは計上年度の翌年度から10年間にわたって，毎期均等額を償却する。なお，のれん償却は連結損益計算書上，販管費には含めずに，独立の項目として記載する。

11　法人税等および税効果は考慮しないこととし，［資料］より判明しない事項はすべて無視すること。

① 前期の連結貸借対照表における空欄

a		b		c	
d		e		f	
g					

② 当期の連結財務諸表（空欄はすべて埋まるとは限らない）

連結貸借対照表 （単位：千円）

資　産	金　額	負債・純資産	金　額
現　金　預　金	（　　　　）	買　　掛　　金	（　　　　）
売　　掛　　金	（　　　　）	未　　払　　金	（　　　　）
棚　卸　資　産	（　　　　）	借　　入　　金	（　　　　）
建　　　　物	（　　　　）	貸　倒　引　当　金	（　　　　）
土　　　　地	（　　　　）	資　　本　　金	（　　　　）
（　　　　）	（　　　　）	利　益　剰　余　金	（　　　　）
長　期　貸　付　金	（　　　　）	（　　　　　　）	（　　　　）
（　　　　）	（　　　　）	（　　　　　　）	（　　　　）
	（　　　　）		（　　　　）

連結損益計算書 （単位：千円）

費　用	金　額	収　益	金　額
売　上　原　価	（　　　　）	売　　上　　高	（　　　　）
販　　管　　費	（　　　　）	受　取　利　息	（　　　　）
（　　　　）	（　　　　）	（　　　　）	（　　　　）
支　払　利　息	（　　　　）	（　　　　）	（　　　　）
（　　　　）	（　　　　）		
（　　　　）	（　　　　）		
親会社株主に帰属する当期純利益	（　　　　）		
	（　　　　）		（　　　　）

連結株主資本等変動計算書（一部） （単位：千円）

	利益剰余金	非支配株主持分
当期首残高	（　　　　）	（　　　　）
当期変動額		
剰余金の配当	（△　　　）	
親会社株主に帰属する当期純利益	（　　　　）	
当期変動額合計	（　　　　）	（　　　　）
当期末残高	（　　　　）	（　　　　）

連結キャッシュ・フロー計算書　　　　（単位：千円）

I　営業活動によるキャッシュ・フロー
　　税金等調整前当期純利益　　　　（　　　　　）
　　減　価　償　却　費　　　　　（　　　　　）
　　（　　　　　　　　　　）　　（　　　　　）
　　（　　　　　　　　　　）の増加額　（　　　　　）
　　受　取　利　息　　　　　　　（　　　　　）
　　支　払　利　息　　　　　　　（　　　　　）
　　売掛金の（　　　　　　　）額　（　　　　　）
　　棚卸資産の（　　　　　　）額　（　　　　　）
　　買掛金の（　　　　　　　）額　（　　　　　）
　　未払金の（　　　　　　　）額　（　　　　　）
　　　　　小　　計　　　　　　　（　　　　　）
　　利　息　の　受　取　額　　　（　　　　　）
　　利　息　の　支　払　額　　　（　　　　　）
　　営業活動によるキャッシュ・フロー　（　　　　　）
II　投資活動によるキャッシュ・フロー
　　建物の取得による支出　　　　（　　　　　）
　　土地の取得による支出　　　　（　　　　　）
　　投資活動によるキャッシュ・フロー　（　　　　　）
III　財務活動によるキャッシュ・フロー
　　借　入　に　よ　る　収　入　（　　　　　）
　　借入金の返済による支出　　　（　　　　　）
　　親会社による（　　　　）の支払額　（　　　　　）
　　非支配株主への（　　　　）の支払額　（　　　　　）
　　財務活動によるキャッシュ・フロー　（　　　　　）
IV　現金及び現金同等物の（　　　）額　（　　　　　）
V　現金及び現金同等物の期首残高　（　　　　　）
VI　現金及び現金同等物の期末残高　（　　　　　）

※　減少項目については，金額の前に「△」の符号を付すこと。

問題 **9-14** P社は20X0年度末に，A社の株式30％を600,000円で取得し，同社を関連会社とした。そこで以下の［資料］に基づいて，各問に答えなさい。

［資 料］

1 20X1年度および20X2年度におけるA社の株主資本等変動計算書は以下のとおりであった。

株主資本等変動計算書　　　　　　　（単位：円）

| | 20X1年度 | | 20X2年度 | |
	資本金	利益剰余金	資本金	利益剰余金
当期首残高	1,000,000	500,000	（　　　）	（　　　）
当期変動額				
剰余金の配当	－	△100,000	－	△150,000
当期純利益	－	300,000	－	（　　　）
当期末残高	1,000,000	700,000	（　　　）	800,000

※ （　）内は各自で推定すること。

2 20X0年度末において，A社が保有する土地には150,000円の含み益が生じていた。土地以外のA社の資産および負債は，すべて時価と簿価とが一致していた。

3 A社株式の取得原価に含まれるのれん相当額については，20X1年度の連結決算から，10年にわたって，毎期均等額を償却する。

4 ［資料］より判明しない事項はすべて無視すること。

問1 持分法とはどのような方法か，簡単に説明しなさい。

問2 20X1年度の連結財務諸表作成のために必要となる持分法適用仕訳を示しなさい。

借　方　科　目	金　　　額	貸　方　科　目	金　　　額

問3 20X2年度の連結貸借対照表に記載される関連会社株式の金額を計算しなさい。

円

第10章 総合問題

問題 10-1　次の各文章の空欄に当てはまる語句または金額を答えなさい。

1．金融資産とは，現金預金，受取手形，売掛金および貸付金等の金銭債権，株式その他の 　(1)　 および公社債等の有価証券，ならびに先物取引，先渡取引，オプション取引，　(2)　 取引およびこれらに類似する取引（総称して，　(3)　 取引とよばれる）により生じる正味の債権等をいう。

2．金融資産および金融負債は，　(4)　 上の権利および義務を生じさせる 　(4)　 を締結したときに認識する。具体的には，約定日において金融資産および金融負債を認識する約定日基準のほか，　(5)　 日において金融資産および金融負債を認識するが決算日において時価評価される金融資産の価格変動を認識する修正 　(5)　 日基準がある。

3．受取手形，売掛金，貸付金その他の債権は，　(6)　 債権，貸倒懸念債権および 　(7)　 債権等に分類される。　(6)　 債権については，債権全体または同種・同類の債権ごとに，債権の状況に応じて求めた過去の 　(8)　 率等合理的な基準により貸倒見積高を算定する。

4．売買目的で保有するB社株式について，期首残高100株（@￥100），当期購入500株（@￥110），当期売却400株（売価@￥106）であった。期末残高200株について，その時価は￥116であった。したがって，当期の運用損益は￥ 　(9)　 であり，当期末の貸借対照表価額は￥ 　(10)　 である。

5．その他有価証券として保有する取得原価￥90,000のC社株式について，当期末の時価は￥100,000であった。予定実効税率を30％として税効果会計を適用すると，当期末の貸借対照表に計上されるその他有価証券評価差額金は￥ 　(11)　，　(12)　 負債は￥3,000となる。なお，翌期末においてC社株式の時価が￥40,000となった場合には，翌期において￥ 　(13)　 の評価損を計上しなければならない。

(1)		(2)		(3)	
(4)		(5)		(6)	
(7)		(8)		(9)	
(10)		(11)		(12)	
(13)					

問題 10-2　次の［資料］に基づいて，損益計算書と貸借対照表（注記を含む）を作成しなさい。なお，当期は，X3年3月31日に終了する1年である。

[資料1]　決算整理前残高試算表

決算整理前残高試算表　　　　（単位：千円）

現　金　預　金	487,000	支　払　手　形	159,000
受　取　手　形	200,000	買　　掛　　金	122,700
売　　掛　　金	330,000	貸　倒　引　当　金	8,000
繰　越　商　品	290,000	新株予約権付社債	396,800
仮　払　法　人　税　等	50,000	長　期　借　入　金	1,200,000
備　　　　　品	90,000	退　職　給　付　引　当　金	110,400
建　　　　　物	800,000	建物減価償却累計額	240,000
土　　　　　地	1,176,940	資　　本　　金	750,000
その他有価証券	220,000	資　本　剰　余　金	200,000
繰　延　税　金　資　産	67,360	利　益　剰　余　金	330,000
長　期　貸　付　金	40,000	売　　　　　上	2,244,000
その他有価証券評価差額金	6,000	受　取　地　代	39,000
仕　　　　　入	1,680,000	仕　入　値　引	24,000
退　職　給　付	12,000	受　取　利　息	2,000
販　　売　　費	150,000		
広　告　宣　伝　費	33,000		
水　道　光　熱　費	29,000		
租　税　公　課	36,000		
研　究　開　発　費	21,000		
売　上　値　引	30,000		
支　払　利　息	65,600		
社　債　利　息	12,000		
	5,825,900		5,825,900

[資料2]　決算整理事項

1　現金預金勘定の内訳は，当座預金172,200千円，定期預金180,000千円（満期日はX7年3月31日）および手許現金134,800千円である。決算日現在，買掛金の支払いのために得意先宛に用意していた小切手2,000千円が未渡しのままであった。

2　商品の期末商品帳簿棚卸高は，275,000千円であった。このうち15,000千円は見本品として消費されており広告宣伝費に振り替える。

3　受取手形および売掛金の期末残高の2％を差額補充法により貸倒引当金として計上する。

4　長期貸付金は，X2年4月1日に，取引先に対して期間3年，年利率5％，利払日毎年3月31日の条件で貸し出したものであったが，決算にあたり貸倒懸念債権と判定された。当社は，X3年3月31日の利息は受け取ったが，今後はX5年3月31日に元利金のうち35,280千円が回収されるのみであると見積もった。長期貸付金に係る貸倒引当金繰入は，営業外費用として表示する。

5　当期首より，長期借入金の金利変動リスクをヘッジするために金利スワップを利用している。金利スワップの金利受払額は，支払利息に加減している。当期末において，金利スワップの時価は，5,000千円（資産）であった。繰延ヘッジ会計を適用する。

6　退職給付費用20,000千円を計上する。試算表上の退職給付12,000千円は，当期中に支払った年金の掛金である。また，役員賞与引当金12,000千円を計上する。

7　建物は，当期首より6年前に取得したものであり，残存価額ゼロ，耐用年数は20年，定額法により減価償却を行う。備品は，当期首に取得したものであり，耐用年数8年，200％定率法（税法上の定率法）により減価償却を行う。なお，試算表に計上されている備品のうち，30,000千円は研究開発専用のものである。

8　水道光熱費2,500千円および受取地代3,000千円を繰り延べる。また，支払利息7,500千円を見越計上する。

9　試算表上のその他有価証券およびその他有価証券評価差額金（税引後）は，期首現在の残高である。その他有価証券の当期末の時価は，260,000千円であった。

10　新株予約権付社債（転換社債型）のうち額面200,000千円について株式への転換請求があり，決算日において株式に転換した。当該新株予約権付社債は，X1年4月1日に，額面400,000千円，期間5年，年3％，利払日毎年3月31日，額面100円当たり99.0円で発行したものである。償却原価は，定額法によって計算している。株式の交付にあたり，受け入れた新株予約権付社債の帳簿価額の半分を資本金に計上する。

11　当年度の法人税・住民税・事業税64,500千円を計上する。試算表上の仮払法人税等には，当年度に支払った固定資産税2,000千円が含まれている。

12　税効果会計を適用する。前年度末および当年度末において一時差異が生じる項目は，以下の表のとおり，貸倒引当金（長期貸付金に係るものの全額），建物（税法上の耐用年数は25年），退職給付引当金（残高の全額），金利スワップ（残高の全額），その他有価証券（評価差額の全額）に限定されるものとする。なお，試算表上の繰延税金資産は，前年度において計上された額である。実効税率は，前年度から当面の間，40％と見込まれている。繰延税金資産の回収可能性に疑義はない。貸借対照表において，繰延税金資産と繰延税金負債は，相殺して表示する。

（単位：千円）

一時差異が生じる 資産・負債	前年度末		当年度末（各自推定）	
	加／減	金　額	加／減	金　額
貸　倒　引　当　金	－	－		
建　　　　　　　物	減算	48,000		
退 職 給 付 引 当 金	減算	110,400		
金 利 ス ワ ッ プ	－	－		
そ の 他 有 価 証 券	減算	10,000		

損 益 計 算 書

X2年4月1日から X3年3月31日まで　（単位：千円）

Ⅰ　売　上　高　　　　　　　　　　　　　　　　（　　　　　　　）

Ⅱ　売 上 原 価

　　1．期 首 商 品 棚 卸 高　　（　　　　　）

　　2．当 期 商 品 仕 入 高　　（　　　　　）

　　　　　　　　計　　　　　（　　　　　）

　　3．他 勘 定 振 替 高　　　（　　　　　）

　　4．期 末 商 品 棚 卸 高　　（　　　　　）　（　　　　　　　）

　　　　　売 上 総 利 益　　　　　　　　　　　（　　　　　　　）

Ⅲ　販売費及び一般管理費

　　1．販　　　売　　　費　　　　150,000

　　2．広 告 宣 伝 費　　　　（　　　　　）

　　3．退 職 給 付 費 用　　　（　　　　　）

　　4．役員賞与引当金繰入　　（　　　　　）

　　5．貸 倒 引 当 金 繰 入　（　　　　　）

　　6．減 価 償 却 費　　　　（　　　　　）

　　7．水 道 光 熱 費　　　　（　　　　　）

　　8．租 税 公 課　　　　　（　　　　　）

　　9．研 究 開 発 費　　　　（　　　　　）　（　　　　　　　）

　　　　　営 業 利 益　　　　　　　　　　　　（　　　　　　　）

Ⅳ　営 業 外 収 益

　　1．受 取 地 代　　　　　（　　　　　）

　　2．受 取 利 息　　　　　（　　　　　）　（　　　　　　　）

Ⅴ　営 業 外 費 用

　　1．支 払 利 息　　　　　（　　　　　）

　　2．社 債 利 息　　　　　（　　　　　）

　　3．貸 倒 引 当 金 繰 入　（　　　　　）　（　　　　　　　）

　　　　　税 引 前 当 期 純 利 益　　　　　　（　　　　　　　）

　　　　法人税・住民税・事業税　（　　　　　）

　　　　法 人 税 等 調 整 額　（　　　　　）　（　　　　　　　）

　　　　　当 期 純 利 益　　　　　　　　　　（　　　　　　　）

貸 借 対 照 表
X3年3月31日現在 （単位：千円）

資 産 の 部		負 債 の 部	
Ⅰ 流 動 資 産		Ⅰ 流 動 負 債	
1．現 金 預 金 （　　　）		1．支 払 手 形 （　　　）	
2．受 取 手 形 （　　　）		2．買 掛 金 （　　　）	
3．売 掛 金 （　　　）		3．役 員 賞 与 引 当 金 （　　　）	
4．商 品 （　　　）		4．未 払 法 人 税 等 （　　　）	
5．前 払 費 用 （　　　）		5．前 受 収 益 （　　　）	
流 動 資 産 合 計 （　　　）		6．未 払 費 用 （　　　）	
Ⅱ 固 定 資 産		流 動 負 債 合 計 （　　　）	
1．備 品 （　　　）		Ⅱ 固 定 負 債	
2．建 物 （　　　）		1．新 株 予 約 権 付 社 債 （　　　）	
3．土 地 （　　　）		2．長 期 借 入 金 （　　　）	
4．その他有価証券 （　　　）		3．退 職 給 付 引 当 金 （　　　）	
5．定 期 預 金 （　　　）		固 定 負 債 合 計 （　　　）	
6．長 期 貸 付 金 （　　　）		負 債 合 計 （　　　）	
7．金 利 ス ワ ッ プ （　　　）		純 資 産 の 部	
8．繰 延 税 金 資 産 （　　　）		Ⅰ 株 主 資 本	
固 定 資 産 合 計 （　　　）		1．資 本 金 （　　　）	
		2．資 本 剰 余 金 （　　　）	
		3．利 益 剰 余 金 （　　　）	
		株 主 資 本 合 計 （　　　）	
		Ⅱ 評価・換算差額等	
		1．その他有価証券評価差額金 （　　　）	
		2．繰 延 ヘ ッ ジ 損 益 （　　　）	
		評価・換算差額等合計 （　　　）	
		純 資 産 合 計 （　　　）	
資 産 合 計 （　　　）		負債及び純資産合計 （　　　）	

※ 注記：貸 倒 引 当 金 （　　　）
　　　　 備品減価償却累計額 （　　　）
　　　　 建物減価償却累計額 （　　　）

84

問題 10-3 次の各文章の空欄に当てはまる語句または金額を答えなさい。

1．P社は，20X1年度末において，S社の発行済株式総数の80％を1,000千円で取得した。そのときのS社の株主資本が800千円，評価・換算差額等が100千円であった。また，S社が保有する簿価300千円の土地の時価は380千円であった。このとき，P社が作成する連結貸借対照表に計上されるS社に係るのれんは ☐ (1) ☐ 千円，非支配株主持分は ☐ (2) ☐ 千円となる。なお，連結財務諸表において，のれんは ☐ (3) ☐ 固定資産の区分に表示する。

2．子会社株式を追加取得した場合に生じる追加取得持分と対価との差額は， ☐ (4) ☐ として処理する。

3．関連会社に対する投資（関連会社株式）については，連結財務諸表上， ☐ (5) ☐ 法が適用される。 ☐ (5) ☐ 法による ☐ (6) ☐ 損益は，連結損益計算書において，営業外収益または営業外費用として表示する。

4．在外子会社の換算によって生じる ☐ (7) ☐ 勘定については，連結貸借対照表において，その残高をその他の ☐ (8) ☐ 累計額として表示する。

5．連結財務諸表においては，企業の構成単位である事業 ☐ (9) ☐ に関する情報を提供しなければならない。企業は，各報告 ☐ (9) ☐ について，利益（または損失）および ☐ (10) ☐ の額を開示しなければならない。

6．「企業結合に関する会計基準」では， ☐ (11) ☐ 企業の形成及び共通支配下の取引以外の企業結合は，取得とされ， ☐ (12) ☐ 法が適用される。

(1)		(2)		(3)	
(4)		(5)		(6)	
(7)		(8)		(9)	
(10)		(11)		(12)	

問題 10-4 次の［資料］によって，解答用紙の連結精算表（X3年度）を完成させなさい。採点にあたっては，「連結財務諸表」の欄だけを採点対象とするので，連結仕訳欄は自由に活用してよい。

[資料]

① P社は，X1年度末において，S社株式の80%を11,200千円で取得して支配を獲得した。この時点で，S社の償却性有形固定資産（残存耐用年数5年，定額法で減価償却を行う）に500千円，土地（当面売却しない）に1,000千円の評価益（税引前）があった。なお，取得時のS社の資本（時価評価前。その他の包括利益累計額を含む）は，資本金8,000千円，利益剰余金3,400千円，その他の包括利益累計額（税引後）は600千円（貸方）であった。

② 子会社の資産および負債の時価評価に伴う税効果会計の適用に際しては，実効税率を40%とする。繰延税金資産と繰延税金負債は，流動・固定の区別なく相殺して表示する。また，法人税等には，法人税等調整額を加算している。

③ のれんは，発生の翌年度より10年間で均等償却する。

連結精算表（X3年度）　　　　　　　　　　　　　（単位：千円）

	個別財務諸表			連結仕訳				連結財務諸表
	P社	S社	合計					
連結損益及び包括利益計算書								
営 業 収 益	(30,000)	(22,000)	(52,000)					
営 業 費 用	24,900	18,500	43,400					
営 業 外 収 益	(2,500)	(800)	(3,300)					
営 業 外 費 用	1,200	300	1,500					
特 別 利 益	(600)		(600)					
の れ ん 償 却								
法 人 税 等	2,500	1,500	4,000					
当 期 純 利 益	(4,500)	(2,500)	(7,000)					
非支配株主に帰属する当期純利益								
親会社株主に帰属する当期純利益								
当 期 純 利 益	(4,500)	(2,500)	(7,000)					
その他の包括利益当期発生額	450	250	700					
その他の包括利益組替調整額	250		250					
その他の包括利益に係る税効果額	(280)	(100)	(380)					
包 括 利 益	(4,080)	(2,350)	(6,430)					
連結株主資本等変動計算書 （利 益 剰 余 金）								
当 期 首 残 高	(8,000)	(4,000)	(12,000)					
親会社株主に帰属する当期純利益	(4,500)	(2,500)	(7,000)					
配 当 金	2,500	1,500	4,000					
当 期 末 残 高	(10,000)	(5,000)	(15,000)					

（その他の包括利益累計額）								
当 期 首 残 高	880	（ 500）	380					
当 期 変 動 額（純 額）	420	150	570					
当 期 末 残 高	1,300	（ 350）	950					
（非 支 配 株 主 持 分）								
当 期 首 残 高								
当 期 変 動 額（純 額）								
当 期 末 残 高								
連 結 貸 借 対 照 表								
流 動 資 産	17,000	13,700	30,700					
土 地	8,000	6,000	14,000					
償 却 性 有 形 固 定 資 産	17,300	9,500	26,800					
子 会 社 株 式	11,200		11,200					
そ の 他 有 価 証 券	5,950	3,000	8,950					
の れ ん								
繰 延 税 金 資 産	2,000	1,000	3,000					
合 計	61,450	33,200	94,650					
流 動 負 債	（ 19,000）	（ 10,700）	（ 29,700）					
固 定 負 債	（ 18,750）	（ 9,150）	（ 27,900）					
資 本 金	（ 15,000）	（ 8,000）	（ 23,000）					
利 益 剰 余 金	（ 10,000）	（ 5,000）	（ 15,000）					
その他の包括利益累計額	1,300	（ 350）	950					
非 支 配 株 主 持 分								
合 計	（ 61,450）	（ 33,200）	（ 94,650）					

（注） 貸方金額は（　）書きにすること。

問題 10−5

(1) P社は，前期末にA社の発行済株式総数の30％に相当する株式を9,000千円で購入した。このときのA社の資本勘定は，資本金10,000千円，利益剰余金20,000千円であった。当期中にA社は，3,000千円の純利益を計上し，1,000千円の配当金を支払った。

　① P社がA社株式を原価法で評価している場合，当期中に計上される投資収益（配当を含む）および当期末のA社株式の評価額は，いくらになるか。

　② P社がA社株式を持分法で評価している場合，当期中に計上される投資収益（配当を含む）および当期末のA社株式の評価額は，いくらになるか。

(2) P社は，前期末にA社の発行済株式総数の30％に相当する株式を10,000千円で購入した。前期末現在のA社の資本勘定は，資本金10,000千円，利益剰余金20,000千円であった。また，前期末現在，A社には，棚卸資産（1年内に販売予定）に500千円，固定資産（土地）に1,500千円の評

価差額（時価が帳簿価額より大きい）が生じている。

当期中にA社は，3,000千円の純利益を計上し，1,000千円の配当金を支払った。

よって，A社株式に持分法を適用する場合，連結財務諸表の作成上必要な連結仕訳を示しなさい。なお，投資差額（のれん相当額）は，発生年度の翌年度から10年間で均等償却する。

(1)

	投資収益	株式の評価額
①	千円	千円
②	千円	千円

(2)

① 開始仕訳　　　　　（仕訳なし）

② 投資差額の償却，評価差額の実現

借　方　科　目	金　　　額	貸　方　科　目	金　　　額

③ 純利益の計上

借　方　科　目	金　　　額	貸　方　科　目	金　　　額

④ 配当金の授受

借　方　科　目	金　　　額	貸　方　科　目	金　　　額

問題 10−6 　以下の資料に基づいて，K社のX9年度末における決算整理後残高試算表を作成しなさい。

1．K社のX9年度末における決算整理前残高試算表は，次のとおりであった。減価償却等は，決算整理手続において年1回一括して行っている。

K社（X9年度末）	決算整理前残高試算表（一部）		（単位：千円）
建　　　　　　　　物	3,000,000	建物減価償却累計額	1,200,000
備　　　　　　　　品	960,000	備品減価償却累計額	732,188
ソ フ ト ウ ェ ア	525,000		
支 払 リ ー ス 料	80,000		
維 持 管 理 費 用	112,600		

2．建物は，X1年度期首に取得したものであり，耐用年数20年，残存価額をゼロとする定額法によって減価償却を行っている。当期首において，耐用年数経過時点で資産除去のための支出が500,000千円生ずることが判明した。また，当期首からの残存耐用年数を見積り直し，これを10年とした。資産除去債務は，割引率年4％によって見積る。利息費用は，減価償却費とは区別して表示すること。

3．備品は，X4年度期首に取得したものであり，耐用年数8年にわたり税法上の200％定率法を用いて減価償却を行っている。償却率は年0.250，改訂償却率は0.334，保証率は0.07909である。

4．ソフトウェアは，市場販売目的でX8年度期首に取得したものであり，見込販売数量に基づく生産高比例法によって償却を行っている。取得時点における見積有効期間は4年，見込販売数量は4,800個であった。X8年度およびX9年度における実際の販売数量は2,000個および600個であった。なお，X9年度期首において，残り3年の見込販売数量を2,500個に修正した。

5．支払リース料は，X9年度期首に開始したリース取引によって生じたものである。このリース取引は，4年間にわたりX9年度期首から半年ごとに40,000千円を前払いで支払うこととされたものであり，ファイナンス・リース取引と判定された。当社の追加借入利子率は年6％とする。なお，リース料のうち20％は，維持管理費用相当額と判断され，この部分は毎期の費用として処理する。また，リース資産は，税法上の200％定率法によって償却する。償却率は0.500，改訂償却率は1.000，保証率は0.12499である。

K社（X9年度末）	決算整理後残高試算表（一部）		（単位：千円）
建　　　　　　　　物		建物減価償却累計額	
備　　　　　　　　品		備品減価償却累計額	
ソ フ ト ウ ェ ア		リース資産減価償却累計額	
リ ー ス 資 産		リ ー ス 債 務	
維 持 管 理 費 用		未 払 利 息（リ ー ス）	
建 物 減 価 償 却 費		資 産 除 去 債 務	
備 品 減 価 償 却 費			
リース資産減価償却費			
利息費用（資産除去債務）			
ソフトウェア償却費			
支 払 利 息（リ ー ス）			

問1 次の［資料］から，X1年度およびX2年度の財務諸表において計上されるべき，①満期保有目的債券と，②有価証券利息の金額を求めなさい。なお，計算の結果生じる端数は四捨五入し，解答は円単位で行うこと。

［資　料］

X1年度期首（X1年1月1日）において，満期までの期間が3年のA社社債（額面¥1,000,000）を¥971,993で購入した。このA社社債の表面利率は年3％（半年複利。6月および12月末日利払日）であった。償却原価法（利息法）を採用し，実効利子率は年4％であった。

問2 次の取引を仕訳しなさい。

1　X1年4月1日，新株予約権付社債（額面総額¥50,000,000）を，次の条件で，社債額面¥100につき¥102で発行し，払込金は当座預金とした。新株予約権付社債の会計処理は，区分法による。また，社債部分の会計処理は，償却原価法（定額法）による。

- 社債部分の発行価額は¥98，新株予約権部分の発行価額は¥4。
- 償還期間は5年，利率年3％，利払日毎年3月末日。
- 新株予約権の権利行使による新株発行総額は¥50,000,000である。

2　上記1の新株予約権付社債について，X2年3月31日に，当座預金から社債利息を支払った。また，決算日につき，償却原価法の適用による社債利息を計上する。

3　上記1の新株予約権の20％の権利行使が行われ，新株を交付した（代金は，当座払込み）。新株の発行に伴い資本金として計上する額は，払込額（新株予約権の金額を含む）の2分の1とする。

問1

	X1年度	X2年度
① 満期保有目的債券	円	円
② 有価証券利息	円	円

問2

	借　方　科　目	金　　額	貸　方　科　目	金　　額
1				
2				
3				

問題 10−8 次の［資料］から，次の各問に答えなさい。

問 1　X1年度およびX2年度にかかる以下の各金額を求めなさい。

①利息費用　　②期待運用収益　　③退職給付債務　　④年金資産　　⑤未認識数理計算上の差異

⑥個別財務諸表における退職給付引当金　　⑦個別財務諸表における退職給付費用

問 2　他に子会社はないが，仮に連結財務諸表を作成することとした場合，X1年度およびX2年度の連結財務諸表における以下の各金額を求めなさい。なお，税効果は無視する。

①退職給付に係る負債　　②退職給付費用　　③その他の包括利益　　④その他の包括利益累計額

［資　料］

X1年度：期首において，退職給付債務500,000千円，年金資産300,000千円。

　　　　当期の勤務費用30,000千円。退職給付債務の割引率は年3％，期待運用収益率は3.5％であった。

　　　　当期中に支払った年金基金への掛金は40,000千円，年金資産から支払った年金給付は35,000千円であった。なお，当期末における年金資産の時価は280,000千円であった。数理計算上の差異は，発生年度の翌年度から平均残存勤務期間の10年にわたり定額法で費用配分する。

X2年度：当期の勤務費用33,000千円。退職給付債務の割引率は年3％，期待運用収益率は3.5％であった。

　　　　当期中に支払った年金基金への掛金は43,000千円，年金資産から支払った年金給付は36,000千円であった。なお，割引率を見直し，年2.4％で年度末における退職給付債務を再計算したところ575,000千円となった。当期末において年金資産に新たな数理計算上の差異は発生していない。

問 1

		X1年度	X2年度
①	利息費用	千円	千円
②	期待運用収益	千円	千円
③	退職給付債務	千円	千円
④	年金資産	千円	千円
⑤	未認識数理計算上の差異	千円	千円
⑥	退職給付引当金	千円	千円
⑦	退職給付費用	千円	千円

問2

		X1年度	X2年度
①	退職給付に係る負債	千円	千円
②	退職給付費用	千円	千円
③	その他の包括利益	千円	千円
④	その他の包括利益累計額	千円	千円

問題 10-9 P社は，20X3年度末にS社の発行済株式総数の80％を1,000千ドル（100,000千円）で取得し，S社を子会社とした。20X3年度末におけるS社の貸借対照表は，次のとおりである。なお，S社の資産および負債の時価評価に伴って，S社の土地に100千ドルの評価差額（益）があることが判明した。

S社（20X3）　　　　　貸借対照表　　　　　（単位：千ドル）

流　動　資　産	1,000	流　動　負　債	800
固　定　資　産	1,800	固　定　負　債	1,000
		資　本　金	600
		利　益　剰　余　金	400
	2,800		2,800

　20X4年度末におけるP社およびS社の個別貸借対照表は，次のとおりであった。また，のれんは，発生年度の翌年度から10年間にわたって均等償却する。

P社（20X4）　　　　　貸借対照表　　　　　（単位：千円）

流　動　資　産	550,000	流　動　負　債	350,000
固　定　資　産	850,000	固　定　負　債	400,000
S　社　株　式	100,000	資　本　金	500,000
		利　益　剰　余　金	250,000
	1,500,000		1,500,000

S社（20X4）　　　　　貸借対照表　　　　　（単位：千ドル）

流　動　資　産	1,100	流　動　負　債	1,000
固　定　資　産	2,000	固　定　負　債	1,000
		資　本　金	600
		利　益　剰　余　金	500
	3,100		3,100

　また，20X5年度末におけるP社およびS社の個別貸借対照表は，次のとおりであった。

P社（20X5）　　　　　　貸借対照表　　　　　　（単位：千円）

流　動　資　産	740,000	流　動　負　債	540,000
固　定　資　産	890,000	固　定　負　債	400,000
S　社　株　式	100,000	資　　本　　金	500,000
		利　益　剰　余　金	290,000
	1,730,000		1,730,000

S社（20X5）　　　　　　貸借対照表　　　　　（単位：千ドル）

流　動　資　産	1,600	流　動　負　債	1,220
固　定　資　産	2,300	固　定　負　債	1,500
		資　　本　　金	600
		利　益　剰　余　金	580
	3,900		3,900

　以上の資料から，20X4年度末および20X5年度末の連結貸借対照表を作成しなさい。なお，1ドル当たり為替相場は，次のとおりであった。

　　20X3年度期末日相場100円

　　20X4年度期中平均相場105円，期末日相場110円

　　20X5年度期中平均相場120円，期末日相場125円

［解答欄］

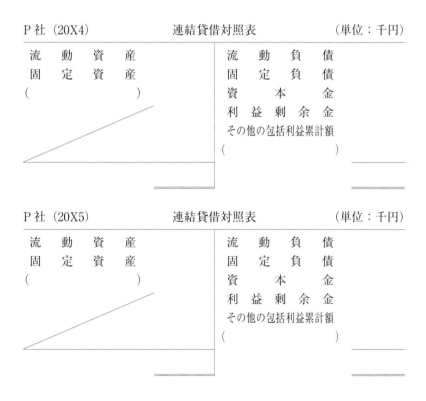

P社（20X4）　　　　　　連結貸借対照表　　　　　（単位：千円）

流　動　資　産		流　動　負　債	
固　定　資　産		固　定　負　債	
（　　　　　　　　　）		資　　本　　金	
		利　益　剰　余　金	
		その他の包括利益累計額	
		（　　　　　　　　　）	

P社（20X5）　　　　　　連結貸借対照表　　　　　（単位：千円）

流　動　資　産		流　動　負　債	
固　定　資　産		固　定　負　債	
（　　　　　　　　　）		資　　本　　金	
		利　益　剰　余　金	
		その他の包括利益累計額	
		（　　　　　　　　　）	

問題 10-10 A社は，B社を吸収合併により取得した。A社は，かねてB社の発行済株式の10%を200百万円で取得していた（吸収合併時の時価300百万円）が，吸収合併に際し残り90%のB社株主に対し，対価としてA社株式を2,700百万円交付している（増加する払込資本は，すべて資本剰余金とする）。また，同時に外部の企業買収のアドバイザーに対して150百万円の報酬を現金で支払った（未処理）。

A社およびB社の合併直前の貸借対照表は，以下のとおりである。B社の諸資産の時価は，3,920百万円であった。

よって，吸収合併後のA社の個別財務諸表および連結財務諸表（他の子会社等は無視する）を作成しなさい。なお，解答にあたって税効果は無視する。空欄はすべて埋まらない場合がある。

A社個別貸借対照表 （単位：百万円）

諸 資 産	9,700	諸 負 債	2,900
その他有価証券（B社株式）	300	資 本 金	5,000
		利 益 剰 余 金	2,000
		評 価・換 算 差 額 等	100
	10,000		10,000

※ 評価・換算差額等は，その他有価証券（B社株式）に係るものである。

B社個別貸借対照表 （単位：百万円）

諸 資 産	3,500	諸 負 債	1,000
		資 本 金	1,200
		利 益 剰 余 金	800
		評 価・換 算 差 額 等	500
	3,500		3,500

A社個別貸借対照表（吸収合併後） （単位：百万円）

諸 資 産	（ ）	諸 負 債	（ ）
の れ ん	（ ）	資 本 金	（ ）
		資 本 剰 余 金	（ ）
		利 益 剰 余 金	（ ）
		評 価・換 算 差 額 等	（ ）
	（ ）		（ ）

A社連結貸借対照表（吸収合併後） （単位：百万円）

諸 資 産	（ ）	諸 負 債	（ ）
の れ ん	（ ）	資 本 金	（ ）
		資 本 剰 余 金	（ ）
		利 益 剰 余 金	（ ）
		その他の包括利益累計額	（ ）
	（ ）		（ ）

解 答 編

■以下の「解答編」は，取りはずしてご利用
いただくことが可能です。取りはずす場合
には，この色紙は残したまま，「解答編」
をゆっくり引き離してください。

検定簿記ワークブック
1級 商業簿記・会計学 下巻
〔解答編〕

中央経済社

問題 1-1

(1) 金融負債の消滅の認識要件

金融負債の消滅を認識する要件は，次のとおりである。
ア　金融負債の契約上の義務を履行したとき，
イ　金融負債の契約上の義務が消滅したとき，または
ウ　金融負債の契約上の第一次債務者の地位から免責されたとき
債務の第三者引受に際し第三者が倒産等に陥ったときに原債務者が負うこととなる二次的な責任である単純保証については，第三者による債務引受時に原債務者は当該二次的債務を新たな金融負債として時価により認識する。

(2) デット・アサンプションの会計処理

デット・アサンプションは，社債の買入償還を行うための実務手続が煩雑であることから，法的には債務が存在している状態のまま，社債の買入償還と同等の財務上の効果を得るための手法として利用されている。原債務者である社債の発行体が第一次債務者の地位から免れないので，(1)で述べた金融負債の消滅の認識要件を充たさない。
しかし，金融商品会計基準では，取消不能の信託契約等により，社債の元利金の支払いに充てることのみを目的として，当該元利金の金額が保全される資産を預け入れた場合等，社債の発行者に対し遡求請求が行われる可能性が極めて低い場合に限り，当該社債の消滅を認識することを認めている。デット・アサンプションの消滅の認識のための要件は次のとおり。
①　取消不能で，かつ社債の元利金の支払いに充てることを目的とした他益信託等を設定し，当該元利金が保全される高い信用格付けの金融資産を拠出すること。
②　社債の発行体またはデット・アサンプションの受託機関に倒産の事実が発生しても，当該社債権者以外の債権者が信託した金融資産に対していかなる権利も有していないこと。

問題 1-2

債務保証契約（信用状による与信を含む）は金融商品であり，金融商品会計基準の対象となる。債務保証の会計処理は，それが(1)金融資産・金融負債の消滅によって生じるものと，(2)それ以外のものによって異なる。
(1)　金融資産・金融負債の消滅によって生じる債務保証
金融資産・金融負債の消滅の結果生じる金融負債（例えば金銭債権を譲渡した際に譲渡人に生じる遡及義務）は，新たな金融負債として消滅時の時価により計上する。時価を合理的に測定することができない場合，その時価は，金融資産の消滅時については，新たな金融資産はゼロ，新たな金融負債は当該譲渡利益が生じないように計算した額とする。金融負債の消滅の認識時には，新たな負債の時価を合理的に算定することができない場合には，当該消滅取引から利益が生じないようにして計算した金額，またはゼロとする。ゼロとした場合には，当該二次的責任は保証債務として取り扱う。また，新たに認識された金融負

債は，デリバティブではないため，発生時以降は時価評価されることはないが，譲渡人（保証人）が損失を被る可能性が高くなった場合には債務保証の処理に準じて引当金を計上する。

(2) それ以外の債務保証

　　日本公認会計士協会が公表している監査・保証実務委員会報告第61号「債務保証及び保証類似行為の会計処理及び表示に関する監査上の取扱い」による。この報告では，主たる債務者の財政状態の悪化等によって債務不履行になる可能性があり，その結果，保証人が保証債務を履行し，その履行に伴う求償債権が回収不能になる可能性が高い場合で，かつ，これによって生ずる損失額を合理的に見積もることができる場合には，保証人は，当該期の負担に属する金額を債務保証損失引当金に計上しなければならない。なお，この結果，財務諸表に注記される債務保証額は，債務保証の総額から債務保証損失引当金を控除した残額となる。また，注記にあたっては，損失の可能性が高いが損失金額の見積りが不可能な場合（ただし，通常極めて限られたケースと考えられる）や損失の発生がある程度予想される場合には，その旨等の追加注記が求められている。

問題 1-3

(1) 有価証券の購入

＜約定日基準の場合＞ （単位：千円）

	借 方 科 目	金 額	貸 方 科 目	金 額
約定日	その他有価証券	10,100	未 払 金	10,100
決算日	その他有価証券	50	その他有価証券評価差額金 繰延税金負債	35 15
翌期首	その他有価証券評価差額金 繰延税金負債	35 15	その他有価証券	50
受渡日	未 払 金	10,100	現 金 預 金	10,100

＜修正受渡日基準の場合＞ （単位：千円）

	借 方 科 目	金 額	貸 方 科 目	金 額
約定日	仕 訳 な し			
決算日	その他有価証券	50	その他有価証券評価差額金 繰延税金負債	35 15
翌期首	その他有価証券評価差額金 繰延税金負債	35 15	その他有価証券	50
受渡日	その他有価証券	10,100	現 金 預 金	10,100

3

(2) 有価証券の売却

＜約定日基準の場合＞

(単位：千円)

	借　方　科　目	金　額	貸　方　科　目	金　額
約定日	未　収　金	10,200	その他有価証券	10,100
			有価証券売却損益	100
受渡日	現　金　預　金	10,200	未　収　金	10,200

＜修正受渡日基準の場合＞

(単位：千円)

	借　方　科　目	金　額	貸　方　科　目	金　額
約定日	仕　訳　な　し			
受渡日	現　金　預　金	10,200	その他有価証券	10,100
			有価証券売却損益	100

解説

1．約定日基準とは，売買約定日に買手は有価証券の発生を認識し，売手は有価証券の消滅の認識を行う処理である。修正受渡日基準とは，約定日基準に対する一種の簡便法で，買手が約定日から受渡日までの時価の変動のみを認識し，売手は売却損益のみを約定日に認識する処理である。なお，購入の場合で，約定日から受渡日までの間に決算期末が入る場合には，保有に係るリスクを有していることから，期末の時価で時価評価し，税効果後の評価差額を純資産の部に計上する（その他有価証券としての会計処理）。

2．その他有価証券のため，翌期首にその他有価証券評価差額金の洗替えによる振戻し仕訳が行われている。

3．売却取引の場合におけるその他有価証券の簿価は，当初の取得価額となっている。これは，その他有価証券の時価評価が洗替え法に基づいているためである。

問題 1－4

(単位：百万円)

借　方　科　目	金　額	貸　方　科　目	金　額
当　座　預　金	2,150	債　　　権	2,000
回収業務サービス資産	124	リコース義務	80
買　戻　権	40	債　権　売　却　益	234

解説

1．譲渡資産の売却原価と残存部分の原価の算定

新たな資産　2,150百万円＋40百万円－80百万円＝2,110百万円

残　存　資　産　140百万円

譲渡資産の売却原価　$2,000百万円 \times \dfrac{2,110百万円}{2,250百万円} = 1,876百万円$

残存部分の原価　$2,000百万円 \times \dfrac{140百万円}{2,250百万円} = 124百万円$

2．譲渡損益の算定

2,110百万円－1,876百万円＝234百万円

(1) 株式に関する保有目的ごとの分類の意義，評価基準，評価差額の処理方法

① 売買目的有価証券
分類の意義…時価の変動により利益を得ることを目的として保有する株式をいう。
評価基準，評価差額の処理方法…時価評価し，評価差額は当期の損益として処理する。
② 子会社株式および関連会社株式
分類の意義…子会社および関連会社に対して投資された株式をいう。
評価基準…取得価額をもって貸借対照表価額とする。
③ その他有価証券
分類の意義…売買目的有価証券，子会社株式および関連会社株式以外の株式をいう。
評価基準，評価差額の処理方法…時価評価し，評価差額は洗替え方式に基づき，次のいずれかの方法により処理する。
a　評価差額の合計額を純資産の部に計上する（全部純資産直入法）。
b　時価が取得原価を上回る銘柄に係る評価差額（評価益）は純資産の部に計上し，時価が取得原価を下回る銘柄に係る評価差額（評価損）は当期の損失として処理する（部分純資産直入法）。
④ 市場価格のない株式等
取得価額をもって貸借対照表価額とする。

(2) (1)の評価基準と評価差額の処理方法が定められた理由

① 売買目的有価証券
投資者にとっての有用な情報および企業にとっての財務活動の成果は期末時点の時価に求められること，および，売却することについて事業遂行上等の制約がないこと。
② 子会社株式および関連会社株式
a　子会社株式は，事業投資と同じく時価の変動を財務活動の成果とは捉えないという考え方に基づくこと。
b　関連会社株式は，他企業への影響力の行使を目的として保有する株式であることから，子会社株式の場合と同じく事実上の事業投資と同様の会計処理を行うことが適当であること。
③ その他有価証券
a　時価による自由な換金・決済等が可能な金融資産については，投資情報としても，企業の財務認識としても，さらに，国際的調和の観点からも，これを時価評価し，適切に財務諸表に反映することが必要であること。
b　直ちに売買・換金を行うことに事業遂行上等の制約がある場合には，時価評価を基本としつつ保有目的に応じた処理方法を定めることが適当であること。
c　保有目的等を識別・細分化する客観的な基準を設けることが困難であるとともに，保有目的等自体も多義的であり，かつ，変遷していく面があること。
d　企業会計上，保守主義の観点から，それまで低価法に基づく銘柄別の評価差額の損益計算書への計上が認められてきたことを考慮する必要があること。

(1) 債権の貸借対照表価額の決定方法

> 受取手形，売掛金，貸付金その他の債権の貸借対照表価額は，取得価額から貸倒見積高に基づいて算定された貸倒引当金を控除した金額である。ただし，債権を債権金額より低い価額または高い価額で取得した場合で，取得価額と債権金額との差額の性格が金利の調整であるときは，「償却原価法」に基づいて算定された価額から貸倒見積高に基づいて算定された貸倒引当金を控除した金額としなければならない。
>
> 「償却原価法」とは，金融資産の場合，債権額と異なる金額で計上した場合において，当該差額に相当する金額を弁済期に至るまで毎期一定の方法で取得価額に加減する方法をいい，当該加減額を受取利息に含めて処理することとされている。償却原価法には，利息法と定額法の2つの方法がある。
>
> なお，債権の取得価額が，債務者の信用リスクを反映して債権金額より低くなっている場合には，信用リスクによる価値の低下を加味して将来キャッシュ・フローを合理的に見積もった上で償却原価法を適用する。

(2) 採用された理由

> 以下のような理由から，金銭債権については，時価評価を行わないこととされた。
>
> a 一般に金銭債権については活発な市場がない。
>
> b 受取手形や売掛金は，通常，短期的に決済されることが予定されており，帳簿価額が時価に近似している。
>
> c 貸付金等の債権は，時価を入手できない場合や売却することを意図していない場合が少なくない。

問題 **1-7**

有 価 証 券	22,500	千円
投 資 有 価 証 券	218,200	千円
投 資 有 価 証 券 評 価 損	32,500	千円
その他有価証券評価差額金	16,520	千円

解説

A社株式（有価証券）：時価評価され，評価損益は損益計算書に計上される。
　　25,000千円－22,500千円＝2,500千円（評価損）

B社株式（投資有価証券）：時価評価され，評価差額は純資産の部に計上される。
　　42,000千円－38,000千円＝4,000千円（損）

C社株式（投資有価証券）：時価評価され，通常は評価差額は純資産の部に計上されるが，著しい時価の下落があるため，減損処理（損益に計上）される。
　　38,000千円－18,000千円＝20,000千円（評価損）

D社株式（投資有価証券）：時価評価され，評価差額は純資産の部に計上される。
　　58,000千円－30,400千円＝27,600千円（益）

E社株式（投資有価証券）：通常取得価額で評価されるが，E社の純資産が著しく減少しており，実質価額が著しく低下していると判断されるため，減損処理（損益に計上）される。
　　実質価額（70,000千円－50,000千円）×25％＝5,000千円
　　17,500千円－5,000千円＝12,500千円（評価損）

F社社債（投資有価証券）：償却原価法により評価される。

99,000千円＋（100,000千円－99,000千円）÷5＝99,200千円

99,200千円－99,000千円＝200千円（有価証券利息）

有価証券　22,500千円

投資有価証券　38,000千円＋18,000千円＋58,000千円＋5,000千円＋99,200千円＝218,200千円

投資有価証券評価損　20,000千円＋12,500千円＝32,500千円

その他有価証券評価差額金

税効果（27,600千円－4,000千円）×30％＝7,080千円

その他有価証券評価差額金　23,600千円－7,080千円＝16,520千円

問題 1－8

(1)

① X1年6月末の利払い日

＜実効利率による処理＞

借　方　科　目	金　　　額	貸　方　科　目	金　　　額
現　金　預　金	2,000,000	有価証券利息	1,528,913
		満期保有目的債券	471,087

＜簡便法による処理＞

借　方　科　目	金　　　額	貸　方　科　目	金　　　額
現　金　預　金	2,000,000	有価証券利息	2,000,000

② X1年12月31日（決算日）

＜実効利率による処理＞

借　方　科　目	金　　　額	貸　方　科　目	金　　　額
現　金　預　金	2,000,000	有価証券利息	1,521,846
		満期保有目的債券	478,154

＜簡便法による処理＞

借　方　科　目	金　　　額	貸　方　科　目	金　　　額
現　金　預　金	2,000,000	有価証券利息	2,000,000
有価証券利息	963,750	満期保有目的債券	963,750

(2)　　　　　　　　　　　　　　　　　　　　　　　　　　　（単位：千円）

	借　方　科　目	金　　　額	貸　方　科　目	金　　　額
当期首	その他有価証券	10,000	その他有価証券評価差額金 繰延税金資産	7,000 3,000
振替時	売買目的有価証券 有価証券運用損益	960,000 30,000	その他有価証券	990,000
当期末	有価証券運用損益	40,000	売買目的有価証券	40,000

7

(1) 実効利率は，次の式のrとして求められる。

$$\frac{2,000,000円}{1+\dfrac{r}{2}}+\frac{2,000,000円}{\left(1+\dfrac{r}{2}\right)^2}+\frac{2,000,000円}{\left(1+\dfrac{r}{2}\right)^3}+\frac{2,000,000円}{\left(1+\dfrac{r}{2}\right)^4}+\frac{100,000,000円}{\left(1+\dfrac{r}{2}\right)^4}=101,927,500円$$

r = 3 ％

実効利率（年3％，半年1.5％）による償却原価法の計算は，次表のとおりである。

（単位：円）

	実効利息①	表面利息②	償却額①－②	帳簿価額
X1. 1. 1				101,927,500
X1. 6.30	1,528,913	2,000,000	－ 471,087	101,456,413
X1.12.31	1,521,846	2,000,000	－ 478,154	100,978,259
X2. 6.30	1,514,674	2,000,000	－ 485,326	100,492,933
X2.12.31	1,507,394	2,000,000	－ 492,606	100,000,327

簡便法（定額法）による債券の取得価額と券面額の差額の償却額は，1年当たり，

(101,927,500円－100,000,000円)÷2＝963,750円

なお，上記の仕訳は，期末のみ償却を行う方法によった。

(2) 有価証券の保有区分の変更が認められる場合における振替時の評価額は，変更前の保有目的区分で採用されていた評価基準によることが原則であるが，その他有価証券から売買目的有価証券への振替の場合には例外として，振替後の売買目的有価証券の処理に準じることとされている。このため，売買目的有価証券には振替時の時価960,000千円が付されている。

問題 1－9

(1) ヘッジ会計の2つの方法

① 繰延ヘッジは，原則的方法であり，時価評価されているヘッジ手段に係る損益または評価差額を，ヘッジ対象に係る損益が認識されるまで純資産の部において繰り延べる方法である。

② 時価ヘッジは，ヘッジ対象に係る相場変動等を損益に反映させ，ヘッジ手段に係る損益と同一の会計期間で認識する方法である。

(2) 時価ヘッジが適用される状況

時価ヘッジは，通常の会計処理では損益に計上されることのないヘッジ対象で，その相場変動等を損益に反映させることができるヘッジ対象の場合に限り，ヘッジ対象の損益とヘッジ手段の損益とを同一の会計期間の損益計算書で認識する方法である。したがって，その対象となるのはその他有価証券をヘッジ対象とする場合のみである。

(3) その他有価証券のヘッジ

その他有価証券は，時価をもって貸借対照表価額とし，評価差額は洗替方式に基づき，全部純資産直入法（評価差額の合計額を純資産の部に計上する方法）または部分純資産直入法（時価が取得原価を上回る銘柄に係る評価差額（評価差益）は純資産の部に計上し，時価が取得原価を下回る銘柄に係る評価差額（評価差損）は当期の損失として処理する方法）のいずれかの方法により処理することができる。

その他有価証券をヘッジ対象とするヘッジ取引に繰延ヘッジを適用すると，ヘッジ手段の損益は純資産の部において「繰延ヘッジ損益」として計上されるため，純資産の部に「その他有価証券評価差額金」として計上されたヘッジ対象の損益と純資産の部において総額で表示されることになる。これを回避するには，時価のあるヘッジ対象では時価ヘッジを適用し，損益計算書で相殺することが考えられる。

問題 1−10

(1) 事前テストと事後テスト

① 事前テスト（ヘッジ取引時の要件）

取引時に次のいずれかであることが客観的に認められること

　a．当該取引が企業のリスク管理方針に従ったものであることが，文書により確認できること

　b．企業のリスク管理方針に関して明確な内部規程および内部統制組織が存在し，当該取引がこれに従って処理されることが期待されること

② 事後テスト（ヘッジ取引時以降の要件）

　a．ヘッジの有効性が定期的に確認されていること

　b．有効性は，原則としてヘッジ開始時から有効性判定までの期間のヘッジ対象の相場変動またはキャッシュ・フロー変動の累計とヘッジ手段の相場変動またはキャッシュ・フロー変動の累計の比率がおおむね80％から125％の範囲内にあること

(2) ヘッジ会計の要件が充たされなくなったときの会計処理

ヘッジ会計の要件が充たされなくなったときには，ヘッジ会計の要件が充たされていた間のヘッジ手段に係る損益または評価差額は，ヘッジ対象に係る損益が認識されるまで引き続き繰り延べる。

ただし，繰り延べられたヘッジ手段に係る損益または評価差額について，ヘッジ対象に係る含み益が減少することによりヘッジ会計の終了時点で重要な損失が生じるおそれがあるときは，当該損失部分を見積もり当期の損失として処理しなければならない。なお，ヘッジ手段が債券，借入金等の利付金融商品の金利リスクをヘッジするものであった場合には，それまで繰り延べていたヘッジ手段の損益または評価差額は，ヘッジ対象の満期までの期間にわたり金利の調整として損益に配分する。

ヘッジ会計の要件を充たさなくなった場合における「ヘッジ対象に係る含み益が減少することによりヘッジ会計の終了時点で重要な損失が生じるおそれがあるとき」とは，ヘッジ会計の適用を中止した後の相場変動等により，ヘッジ対象に係る含み益が減少して繰り延べていたヘッジ手段に係る損失または評価差額（評価差損）に対して重要な不足額が生じている場合をいうとされている。そして，損失部分の見積額として損失処理すべき金額は，この不足額のうち，ヘッジ会計の適用を中止した後におけるヘッジ対象の相場変動に相当する部分の金額とされている。

(3) ヘッジ対象が消滅した場合の会計処理

> ヘッジ会計は，ヘッジ対象が消滅したときに終了し，繰り延べられているヘッジ手段に係る損益または評価差額は当期の損益として処理しなければならない。また，ヘッジ対象である予定取引が実行されないことが明らかになったときにおいても同様に処理する。

問題 1-11

(1) 繰延ヘッジの場合 （単位：百万円）

		借方科目	金額	貸方科目	金額
購入時	①	その他有価証券	2,100	現金預金	2,100
	②	仕訳なし			
決算時	①	その他有価証券評価差額金	140	その他有価証券	140
	②	国債先物取引差金	160	繰延ヘッジ利益	160
翌期首	①	その他有価証券	140	その他有価証券評価差額金	140
	②	仕訳なし			
売却時	①	現金預金 有価証券売却損益	1,900 200	その他有価証券	2,100
	②	国債先物取引差金 現金預金 繰延ヘッジ利益	60 220 220	繰延ヘッジ利益 国債先物取引差金 先物利益	60 220 220

(2) 時価ヘッジの場合 （単位：百万円）

		借方科目	金額	貸方科目	金額
購入時	①	その他有価証券	2,100	現金預金	2,100
	②	仕訳なし			
決算時	①	有価証券評価損益	140	その他有価証券	140
	②	国債先物取引差金	160	先物利益	160
翌期首	①	その他有価証券	140	有価証券評価損益	140
	②	仕訳なし			
売却時	①	現金預金 有価証券売却損益	1,900 200	その他有価証券	2,100
	②	国債先物取引差金 現金預金	60 220	先物利益 国債先物取引差金	60 220

解説

① 本問では，購入時から決算時までの間に保有国債と国債先物との間のスプレッドが同額で変動していないため，1円分の差額が生じている。ただし，次のようにヘッジの有効性は80％から125％の範囲内と確認できる。

購入時から決算時まで（100円－92円）／（105円－98円）＝114％

購入時から売却時まで（100円－89円）／（105円－95円）＝110％

② その他有価証券の評価損益は受渡日まで損益計算書に計上されない（これがその他有価証券の通常の会計処理）ので，繰延ヘッジにおいては，ヘッジ手段である国債先物の損益を「繰延ヘッジ利益（純資産の部）」としてヘッジ対象の決済時まで繰り延べる。その結果，決算時には，「その他有価証券評価差額金（純資産の部）」と「繰延ヘッジ利益（純資産の部）」が純資産の部で表示される。

③ 時価ヘッジにおいては，その他有価証券の通常の会計処理方法を変更し，受渡前において評価損益を「有価証券評価損益」として損益計算書に計上する。また，ヘッジ手段である国債先物の評価損益も「先物利益」としてその発生時に損益計算書に計上する。その結果，損益計算書上でヘッジ効果が認識される。

問題 1-12

（単位：千円）

	借 方 科 目	金 額	貸 方 科 目	金 額
① 為替予約締結日 （1月20日）	仕 訳 な し			
② 決算日 （3月31日）	繰延ヘッジ損失	3,000	為 替 予 約	3,000
③ 取引実行日 （5月31日）	機 械 装 置 為 替 予 約 繰延ヘッジ利益	107,000 5,000 2,000	未 払 金 繰延ヘッジ損失 繰延ヘッジ利益 機 械 装 置	107,000 3,000 2,000 2,000
④ 決済日 （6月30日）	未 払 金 為 替 差 損	107,000 7,000	現 金 預 金 為 替 差 益 為 替 予 約 現 金 預 金	100,000 7,000 2,000 5,000

解説

[決算日]

　　為替予約の評価差額＝(102円−105円)×1,000千ドル＝△3,000千円

[取引実行日]

　　機械装置の取得原価＝107円×1,000千ドル＝107,000千円

　　為替予約の時価評価＝(107円−102円)×1,000千ドル＝5,000千円

　ヘッジ対象とされた予定取引が，棚卸資産や有形固定資産のような資産の購入である場合には，ヘッジ損益を機械装置の取得原価に算入する。結果として，ドル買・円売の為替予約1,000千ドルの予約レート1USドル＝105円で機械装置が計上されたことになる。

[決済日]

　　輸入USドル建ての未払金の現金決済額＝100円×1,000千ドル＝100,000千円

　　為替予約の実行の現金決済額（予約レートと決済日レートとの差額）

　　　＝(105円−100円)×1,000千ドル＝5,000千円

　　為替予約の評価差額＝(100円−107円)×1,000千ドル＝△7,000千円

(1) 区分法によることが必要な場合

① 払込資本を増加させる可能性のある部分を含む複合金融商品
転換社債型新株予約権付社債以外の新株予約権付社債の会計処理は，区分法によることが必要である。
転換社債型新株予約権付社債とは，募集事項において，社債と新株予約権がそれぞれ単独で存在し得ないことおよび新株予約権が付された社債を当該新株予約権行使時における出資の目的とすることをあらかじめ明確にしている新株予約権付社債であって，会社法の規定に基づき発行されたものをいう。
② その他の複合金融商品
次のすべての要件を充たした場合には，区分法によることが必要となる。
ア 組込デリバティブ（複合金融商品に含まれているデリバティブ）のリスクが現物の金融資産または金融負債に及ぶ可能性があること。
イ 組込デリバティブと同一条件の独立したデリバティブが，デリバティブの特徴を充たすこと。
ウ 当該複合金融商品の時価変動による評価差額が当期の損益に反映されないこと。
「組込デリバティブのリスクが現物の金融資産または金融負債に及ぶ」とは利付金融資産または金融負債の場合，原則として，組込デリバティブのリスクにより現物の金融資産の当初元本が減少または金融負債の当初元本が増加もしくは当該金融負債の金利が債務者にとって契約当初の市場金利の2倍以上になる可能性があることをいう。

(2) 会計処理

① 払込資本を増加させる可能性のある部分を含む複合金融商品
ア 発行者の場合
発行者は，発行に伴う払込金額を，社債の対価部分と新株予約権の対価部分に区分し，前者は普通社債の発行に準じて処理し，後者は新株予約権の発行者側の会計処理に準じて処理する。
行使時に新株が発行される場合，払込価額と新株予約権の対価部分（帳簿価額）の合計額を資本金または資本金および資本準備金に振り替える。自己株式を交付する場合には，自己株式処分差額を，原則として「その他資本剰余金」に加減する。
イ 取得者の場合
取得価額は，社債の対価部分と新株予約権の対価部分とに区分する。
a 社債の対価部分は，普通社債の取得に準じて処理する。
b 新株予約権の対価部分は，新株予約権の取得者側の処理に準じて処理する。
② その他の複合金融商品
組込デリバティブを区分して時価評価し，評価差額を当期の損益として処理する。
要件を充たして区分処理すべき複合金融商品で，複合金融商品全体の時価は測定できるが組込デリバティブを合理的に区分して測定できない場合には，当該複合金融商品全体を時価評価し，評価差額を当期の損益に計上する。

問題 1-14

（単位：百万円）

	借方科目	金額	貸方科目	金額
(1)	現 金 預 金	500	新株予約権付社債	500
(2)	社 債 利 息	5	現 金 預 金	5
(3)	新株予約権付社債	250	資 本 金 資 本 準 備 金	125 125

解説

　問題文(1)に示されている条件から，この新株予約権付社債は，転換社債型新株予約権付社債である。したがって，区分法と一括法の選択適用が認められているが，問題文から解答では，一括法についての仕訳を示している。

　なお，区分法による仕訳は次のとおり（参考）。

（単位：百万円）

	借方科目	金額	貸方科目	金額
(1)	現 金 預 金	500	社　　　債 新 株 予 約 権	400 100
(2)	社 債 利 息 社 債 利 息	5 20	現 金 預 金 社　　　債	5 20
(3)	社　　　債 新 株 予 約 権	210 50	資 本 金 資 本 準 備 金	130 130

　区分法の場合は，社債部分について償却原価法の処理が必要となる。

　　（500百万円－400百万円）÷ 5 ＝20百万円

　新株予約権の行使があった場合には，区分法の場合には社債部分の帳簿価額と新株予約権の帳簿価額との合計額，一括法の場合には新株予約権付社債の帳簿価額を，それぞれ資本金と資本準備金に振り替える。

問題 1-15

（単位：百万円）

	借方科目	金額	貸方科目	金額
(1)	現 金 預 金	500	新株予約権付社債	500
(2)	社 債 利 息 為 替 差 損	11 50	現 金 預 金 新株予約権付社債	11 50
(3)	新株予約権付社債	220	資 本 金 資 本 準 備 金	110 110

解説

　会社法上，転換社債の転換による新株の発行は現物出資と解されている。このため，新株の発行の対価は，その外貨建債務の評価額となる。つまり，外貨建転換社債型新株予約権付社債のうち社債として計上した金額は，通常の外貨建金銭債務と同様な円換算の方法によることになる。

　X1年 4 月 1 日：新株予約権付社債は，発行時の為替レートで換算する。

　　　5,000千ドル×100円＝500百万円

　X2年 3 月31日

　　　社債利息　5,000千ドル× 2 ％×110円＝11百万円

新株予約権付社債の決算時の円換算　5,000千ドル×110円＝550百万円

為替差損　5,000千ドル×（110円－100円）＝50百万円

X2年4月1日

新株発行の対価　550百万円×40％＝220百万円

問題 1-16

（単位：千円）

借 方 科 目	金　額	貸 方 科 目	金　額
貸倒引当金繰入額（販売費）	3,450	貸 倒 引 当 金	5,331
貸倒引当金繰入額（営業外費用）	1,881		

解説

それぞれの債権ごとに貸倒引当金を計算すると下表のとおりである。

（単位：千円）

	当期末債権額	前期末貸倒引当金残高	当期末貸倒引当金残高	差引貸倒引当金繰入額
一般債権	100,000	1,000	2,000	1,000
貸倒懸念債権				
A社売掛金	2,000	600	750	150
B社貸付金	5,000	0	1,881	1,881
C社売掛金	1,500	300	600	300
D社破産更生債権	3,000	0	2,000	2,000
合　計	111,500	1,900	7,231	5,331

(1) 一般債権：100,000千円×2％－前期末残高1,000千円＝1,000千円

(2) A社売掛金：（2,000千円－500千円）×50％－前期末残高600千円＝150千円

(3) B社貸付金：

将来キャッシュ・フローの現在価値＝

$200／（1＋0.04）＋200／（1＋0.04)^2＋200／（1＋0.04)^3＋3,000／（1＋0.04)^4＝3,119$千円

5,000千円－3,119千円＝1,881千円

将来キャッシュ・フローを現在価値に割り引いた価値と貸付金額との差額が引き当てるべき金額となる。

(4) C社売掛金：（1,500千円－500千円）×60％－前期末残高300千円＝300千円

(5) D社破産更生債権：3,000千円－1,000千円＝2,000千円

破産更生債権なので，担保控除後の全額を引き当てる。

販売費とするもの：1,000千円＋150千円＋300千円＋2,000千円＝3,450千円

営業外費用とするもの：B社　1,881千円

第2章
外貨換算会計

問題 2-1

		借 方 科 目	金 額	貸 方 科 目	金 額
(1)	外貨建取引	現 金 預 金	5,000,000	借 入 金	5,000,000
	決算整理	為 替 換 算 損	250,000	借 入 金	250,000
		支 払 利 息	76,500	未 払 費 用	78,750
		為 替 換 算 損	2,250		
(2)	外貨建取引	建 物	10,200,000	現 金 預 金	10,200,000
	決算整理	減 価 償 却 費	85,000	減価償却累計額	85,000
(3)	外貨建取引	売 掛 金	2,060,000	売 上	2,060,000
	決算整理	売 掛 金	40,000	為 替 換 算 益	40,000
(4)	外貨建取引	売買目的有価証券	515,000	現 金 預 金	515,000
		満期保有目的債券	1,009,400	現 金 預 金	1,009,400
		その他有価証券	1,545,000	現 金 預 金	1,545,000
	決算整理	売買目的有価証券	31,000	有価証券評価益	31,000
		満期保有目的債券	21,700	有価証券利息	2,080
				為 替 換 算 益	19,620
		その他有価証券	9,000	その他有価証券 評 価 差 額 金	9,000

解説

(1) 外貨建借入金

外貨建借入　50,000ドル×@100円／ドル＝5,000,000円

外貨建借入金の換算替え　50,000ドル×（@105円／ドル－@100円／ドル）＝250,000円

支払利息の計上　50,000ドル×6％×3カ月／12カ月×@102円／ドル＝76,500円

未払費用の期末換算替え　50,000ドル×6％×3カ月／12カ月×（@105円／ドル－@102円／ドル）
　　　　　　　　　　　　＝2,250円

支払利息は損益項目であるため，期中平均相場で換算する。一方，未払費用は，為替換算上，外貨建金銭債権債務に準じて取り扱うため，期末に決算時の為替相場で換算替えを行う。

以下では，支払利息のドル金額を期中平均相場で換算したあとで，その相手勘定である未払費用を決算時の為替相場で換算替えしている。

（借）支 払 利 息　76,500　（貸）未 払 費 用　76,500

（借）為 替 換 算 損　2,250　（貸）未 払 費 用　2,250

月次決算で支払利息を計上する実務においては，支払利息を月次の為替相場で換算し，未払費用については，他の外貨建金銭債権債務とともに，決算時の為替相場で換算替えを行う。

その一方，決算整理において，未払費用に着目して仕訳を行う実務においては，未払費用の換算に適用する決算時の為替相場を用いて，相手勘定である支払利息を計上する処理が行われる。

未払費用の計上　50,000ドル×6％×3カ月／12カ月×@105円／ドル＝78,750円

（借）支 払 利 息　78,750　（貸）未 払 利 息　78,750

この2つの会計処理を比較すると，未払費用に着目して仕訳を行う実務では，支払利息と為替換算損が合算されることになるが，いずれも営業外損益項目であることから，実務上の簡便な処理として採用されている。

(2) 建物

購入時に取得時の為替相場で円換算し，記録する。100,000ドル×@102円／ドル＝10,200,000円

なお，非貨幣項目であるため，決算日に換算替えは行わない。

決算整理事項として，当期にかかる減価償却計算を実施する。

10,200,000円÷20年×2カ月／12カ月＝85,000円

(3) 外貨建売上高および売掛金

外貨建売上高　20,000ドル×@103円／ドル＝2,060,000円

外貨建売掛金の換算替え　20,000ドル×（@105円／ドル－@103円／ドル）＝40,000円

(4) 外貨建有価証券

銘　柄	分　類	取得原価	取得時レート	期末時価等	決算時の為替相場
A株式	売買目的	5,000ドル	103円	5,200ドル	105円
B債券	満期保有目的	9,800ドル	103円	9,820ドル	105円
C株式	その他	15,000ドル	103円	14,800ドル	105円

決算時の為替相場で換算して，換算差額を算定する。

A株式：（5,200ドル×@105円／ドル）－（5,000ドル×@103円／ドル）＝31,000円
　　　　　　　期末評価額　　　　　　　　　　取得原価

B債券：（9,820ドル×@105円／ドル）－（9,800ドル×@103円／ドル）＝21,700円
　　　　　　　期末評価額　　　　　　　　　　取得原価

ただし，償却原価法を適用しているため，当期の償却額20ドルは3月の平均相場@104円／ドルで換算（有価証券利息20ドル×@104円／ドル＝2,080円）し，差額（21,700円－2,080円＝19,620円）を為替換算損益として処理する。

C株式：（14,800ドル×@105円／ドル）－（15,000ドル×@103円／ドル）＝9,000円
　　　　　　　期末評価額　　　　　　　　　　　取得原価

C株式に関する換算差額については，純資産の部に直接計上する。

問題 2-2

	二取引基準		一取引基準	
	第10期	第11期	第10期	第11期
仕入金額	294,000	0	291,000	15,000
為替差損益	3,000	−15,000	0	0

解説

[二取引基準による処理]

(1)　（借）商　品　仕　入　294,000　（貸）買　　掛　　金　294,000

3,000ドル×@98円／ドル＝294,000円

(2)　（借）買　　掛　　金　3,000　（貸）為　替　換　算　益　3,000

3,000ドル×（@98円／ドル－@97円／ドル）＝3,000円

輸入取引に関して，円高（@98円／ドルから@97円／ドルに円が上昇し，この時点では輸入時より低い金額での支払いで済む）になったため，換算差益が発生した。

(3)　（借）買　　掛　　金　291,000　（貸）現　金　預　金　306,000
　　　　　　為　替　決　済　損　15,000

3,000ドル×（@97円／ドル－@102円／ドル）＝−15,000円

買掛金は決算日における換算替えにより，1ドル97円で計上されている。決済日の為替相場が1ドル102円に円安（決算日より多額の支払いを行わなければならない）になったため，為替決済損が発生した。

[一取引基準による処理]

(1) (借) 商 品 仕 入 294,000 (貸) 買 掛 金 294,000

3,000ドル×@98円／ドル＝294,000円

(2) (借) 買 掛 金 3,000 (貸) 商 品 仕 入 3,000

3,000ドル×(@98円／ドル－@97円／ドル)＝3,000円

外貨建金銭債務としての買掛金の換算替えを行う。また，この換算差額を商品の仕入金額に反映させる。

(3) (借) 買 掛 金 291,000 (貸) 現 金 預 金 306,000
商 品 仕 入 15,000

3,000ドル×(@97円／ドル－@102円／ドル)＝－15,000円

決済差額を商品の仕入金額に反映させる。

(注) 本問では，考え方の説明のため，便宜上，すべて「商品仕入」を用いている。

二取引基準による商品の仕入金額は，輸入したときの換算額294,000円である。これに対し，一取引基準では，決済に至るまでの差損益を仕入金額に反映させるため，最終的に306,000円となる。

商品の輸入に関して，取引条件の決定（支払対価を円にするかドルにするか，また，決済期限をいつにするか）に加え，ドル建ての金額による売買契約を締結した場合であっても，外貨建金銭債務を決済期日まで外貨建のままとするか，為替予約を付す（このような行為を財務取引という）のかによって，外貨建取引を行った時点以降の為替差損益の影響はさまざまである。このような理由から，わが国では外貨建取引と財務取引は別途の取引であるとの考え方である二取引基準が採用されている。

問題 2-3

A社における円貨への換算処理

	借 方 科 目	金 額	貸 方 科 目	金 額
(1)	当 座 預 金	831,600	売 上 高	1,050,000
	手 形 売 却 損	8,400		
	売 掛 金	210,000		
(2)	現 金	220,000	売 掛 金	210,000
			為 替 差 益	10,000

解説

A社からB社への輸出取引の契約内容は，取引通貨がドル建てになっている。それぞれの取引時点での，A社とB社が処理する仕訳の関係が明確になるように，両社におけるドル建てによる仕訳を記載する。

・20X1年1月1日

A社 (借) 当 座 預 金 $7,920 (貸) 売 上 高 $10,000
手 形 売 却 損 80
売 掛 金 2,000

B社 仕訳なし

輸出時の為替相場（1ドル105円）で，ドル金額による外貨建取引の仕訳を円貨に換算する。

・20X1年1月21日

A社 仕訳なし

B社 (借) 未 着 品 $10,000 (貸) 支 払 手 形 $8,000
買 掛 金 2,000

・20X1年1月31日

A社 仕訳なし

B社 (借) 仕 入 $10,500 (貸) 未 着 品 $10,000
現 金 500

- 20X1年2月28日

A社	（借）	現　　　　金	$2,000	（貸）	売　　掛　　金	$2,000
B社	（借）	支　払　手　形	$8,000	（貸）	現　　　　金	$10,000
		買　　掛　　金	2,000			

　入金時の為替相場（1ドル110円）で，入金処理を行う。売掛金は期末換算替えが行われていないため，取引発生時からの為替相場の変動分（1ドル110円－105円）が損益として計上される。

（注）　ドル金額の仕訳においては，残金の2,000ドルが支払われたことで，為替決済損益は計上されない。

　　しかし，円貨に換算する場合には，取引日の為替相場と決済日の為替相場が異なることから，為替決済損益が計上される。

問題 2－4

	借　方　科　目	金　　　　額	貸　方　科　目	金　　　　額
(1)	現　金　預　金	294,000	借　　入　　金	294,000
(2)	借　　入　　金	3,000	為　替　換　算　益	3,000
(3)	借　　入　　金 為　替　決　済　損	291,000 15,000	現　金　預　金	306,000

> 　前問の輸入取引について，一取引基準を適用した場合には，決済までの損益を商品仕入に反映させるため，二取引基準で仕訳が行われる為替換算益および為替決済損を商品仕入に加減算する。この結果，第10期末の二取引基準における商品仕入金額は294,000円であるのに対し，一取引基準では306,000円である。
>
> 　これに対し本問の資金調達取引については，仕訳の相手勘定が現金預金であり，外貨建取引に関して取得時の為替相場で換算される項目がないため，一取引基準の考え方は成立しない。資金取引では，為替相場の変動に伴い為替換算差損益および決済差損益が計上されるのみである。

解説

(1)　3,000ドル×@98円／ドル＝294,000円

(2)　3,000ドル×（@98円／ドル－@97円／ドル）＝3,000円

(3)　3,000ドル×（@97円／ドル－@102円／ドル）＝－15,000円

問題 2－5

外貨建借入金の円換算額	60,600,000	円
直先差額の残高	1,080,000	円

解説

　外貨建借入金600,000ドルに為替予約を振当処理したため，為替予約相場である1ドル101円で換算した円貨額（600,000ドル×@101円／ドル＝60,600,000円）で円貨額は固定される。このため，決算日になっても外貨建借入金の換算替えは行わない。

　直先差額は，為替予約日の属する3月から決済日が属する12月までの10カ月にわたり配分する。当期に配分されるのは3月の1カ月間のみであるため，直先差額のうち10分の1を当期の損益として処理し，残額は前受収益として貸借対照表に計上する。

　20X1年1月1日　（借）現　金　預　金　57,000,000　（貸）借　　入　　金　57,000,000

　　　600,000ドル×@95円／ドル＝57,000,000円

20X1年3月1日 （借）為 替 換 算 損 4,800,000 （貸）借 入 金 3,600,000
前 受 収 益 1,200,000

　　　直々差額　600,000ドル×(@103円／ドル－@95円／ドル)＝4,800,000円
　　　⇒　予約時の損益として処理する。
　　　直先差額　600,000ドル×(@101円／ドル－@103円／ドル)＝－1,200,000円
　　　⇒　為替予約を行ったときから決済日までの期間にわたり配分する。

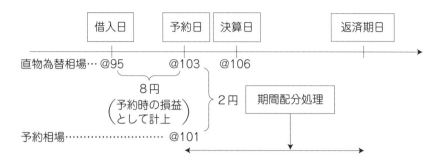

20X1年3月31日 （借）前 受 収 益 120,000 （貸）為 替 換 算 益 120,000
　　　前受収益1,200,000円を3月から12月までの10カ月間にわたり，定額法で配分する。
　　　　1,200,000円×1カ月／10カ月＝120,000円

20X1年3月31日 （借）支 払 利 息 795,000 （貸）未 払 費 用 795,000
　　　外貨建借入金について，当期に計上すべき支払利息の計上を行う。
　　　　600,000ドル×5％×3カ月／12カ月×@106＝795,000円

（注）　本問では，実務上の簡便な処理として，未払費用に適用する期末の為替相場により計上している（問題2－1解説参照）。

問題 2－6

	項　目	為替相場
(1)	外貨預金	決算時の為替相場
(2)	外国通貨	決算時の為替相場
(3)	売買目的有価証券	決算時の為替相場
(4)	その他有価証券	決算時の為替相場
(5)	在外子会社 A	決算時の為替相場（強制評価減を実施）
(6)	在外子会社 B	換算替えしない（取得時の為替相場のまま）
(7)	外貨建前払金	換算替えしない（取得時の為替相場のまま）
(8)	外貨建有形固定資産	換算替えしない（取得時の為替相場のまま）
(9)	外貨建借入金	決算時の為替相場
(10)	外貨建転換社債型新株予約権付社債	決算時の為替相場

解説

　(1)外貨預金および(2)外国通貨は，決算日に決算時の為替相場で換算替えする。

　(3)および(4)の外貨建有価証券は，基本的に決算時の為替相場で換算替えする。

　(5)および(6)の在外子会社株式については，基本的に換算替えはしないが，(5)のように，実質価額が著しく減少し，強制評価減を行わなければならない場合には，外貨による実質価額を決算時の為替相場で換算する。

　(7)外貨建の前払金および(8)固定資産の取得に関しては，決算日における換算替えは必要ない。このため，取

得時の為替相場のままとする。

(9)外貨建借入金は，決算時の為替相場で換算替えを行う。本問の場合，借入金の返済期日は3年後であり，貸借対照表上，長期借入金として計上されるが，借入期間の長短に関係なく，決算時の為替相場で換算する。

(10)従来，商法における外貨建転換社債は，潜在的株式の発行と解釈されていたため，転換請求の可能性がないと認められるものを除き，転換請求期間満了前の転換社債については，発行日の為替相場で換算する取扱いであった。しかし，会社法第284条第1項の規定により，転換社債の転換による新株の発行は現物出資と解釈することが明らかにされたため，会社法に基づいて発行された外貨建転換社債型新株予約権付社債については，決算日に決算時の為替相場で換算することとなった。また，新株予約権行使時の円換算については，その権利行使時の為替相場で換算して求める。

問題 2−7

(A)	非貨幣項目	(B)	取得時の為替相場	(C)	本店と同様
(D)	決算時の為替相場	(E)	本店勘定等を除く		

解説

　本店および在外支店が保有する棚卸資産は，貨幣項目ではないことから，基本的に換算替えを行う必要はない。これに対し，在外子会社が保有する棚卸資産については，在外子会社の資産および負債を決算時の為替相場で換算するという決算日レート法の考え方が採用されているため，個々の項目の属性とは関係なく，決算時の為替相場で換算する。

　なお，在外支店が保有する棚卸資産については，低価基準を採用した場合には，時価（正味売却価額）を決算時の為替相場で換算する。また，在外支店の財務諸表項目の換算において，例外的な取扱いが認められており，棚卸資産および固定資産などの非貨幣項目の金額に重要性がない場合には，本店勘定等を除く，すべての貸借対照表項目を決算時の為替相場により円換算することが認められていることも留意する。

問題 2−8

棚卸資産の円貨額　| 2,328,000 | 円

解説

　在外支店の棚卸資産について求められる円貨額は以下のとおりである。

(1) 外国通貨による時価（正味売却価額）を決算時の為替相場で換算した円貨額　24,000ドル×@97円／ドル＝2,328,000円

(2) 外国通貨による取得原価を取得時の為替相場で換算した円貨額　25,000ドル×@95円／ドル＝2,375,000円

　上記を比較すると，円貨ベースで(1)＜(2)となるため，低価基準を適用し，在外支店の棚卸資産の期末残高は2,328,000円となる。

　在外支店において，棚卸資産に低価基準を適用して評価減する場合には，外国通貨による時価（正味売却価額）を決算時の為替相場で換算した円貨額と，外国通貨による取得原価を取得時の為替相場で換算した円貨額とのうち，いずれか低いほうの価額になる。

財務諸表項目	決算整理後 残高試算表 （単位：ドル）		換算 レート	残高試算表 （単位：円）		損益計算書 （単位：円）		貸借対照表 （単位：円）	
現　　　　　金	1,000		98	98,000				98,000	
売　　掛　　金	5,000		98	490,000				490,000	
商　　　　　品	2,000		98	196,000				196,000	
有　価　証　券	2,900		98	284,200				284,200	
建　　　　　物	15,000		120	1,800,000				1,800,000	
買　　掛　　金		4,000	98		392,000				392,000
長　期　借　入　金		6,000	98		588,000				588,000
減価償却累計額		1,500	120		180,000				180,000
本　　　　　店	－	－	－	－	－	－	－	－	－
開　　設　　時		10,000	120		1,200,000				1,200,000
開　　設　　後		2,500	※		275,000				275,000
売　　上　　高		20,000	95		1,900,000	1,900,000			
期　首　商　品	500		93	46,500		46,500			
当　期　仕　入　高	14,000		95	1,330,000		1,330,000			
期　末　商　品		2,000	98		196,000		196,000		
減　価　償　却　費	1,500		120	180,000		180,000			
有　価　証　券　利　息		100	95		9,500		9,500		
そ　の　他　費　用	4,200		95	399,000		399,000			
計	46,100	46,100		4,823,700	4,740,500				
為　替　換　算　損　益					83,200		83,200		
当　期　純　利　益						233,200			233,200
合　　　計				4,823,700	4,823,700	2,188,700	2,188,700	2,868,200	2,868,200

解説

(1) 本店勘定は，開設時とそれ以降に区分して円貨額を確定する。開設時の換算レートは当時の記録によって把握しなければならないが，開設後については，円貨での累積金額を計算しなければならないため，実務的には工数がかかる。

(2) 建物は本店の場合と同様，決算日に換算替えする必要はない。ただし，減価償却費の計算については，当該建物を取得したときの為替相場を記録し，毎期，同じ為替相場によって換算しなければならない。

(3) 商品にかかる円貨換算は次のとおりである。

内　訳	外貨表示(a)	換算レート(b)	円換算額(c)	換算結果(d)
期首商品	500	93	46,500	93
当期仕入高	14,000	95	1,330,000	95
計	14,500	－	1,376,500	94.931034
期末商品	2,000	98	196,000	98
売上原価	12,500	－	1,180,500	94.44

(4) 売上原価1,180,500円を12,500ドルで除すると，94.44円／ドルと計算される。この平均値は，期首商品の換算レート1ドル93円と当期仕入額の換算レート1ドル95円を適用した結果として算定される借方合計1,376,500円を14,500ドルで除した平均単価とは一致しない。円貨による借方合計から，期末商品に適用する換算レートを乗じた金額を控除してはじめて円貨による売上原価が適切に計算されるのであり，売上原価に直接適用する換算レートは存在しない。

(5) 有価証券は保有目的別に区分して換算を行うが，決算日において円換算する際に用いる為替相場は，基本的に決算時の為替相場である。支店が保有する有価証券は満期保有目的債券であるため，決算時の為替相場で換算する。また，債券を額面と異なる金額で取得しているため，当期にかかる償却額は期中平均レートで換算する。また，この償却額は，損益計算書上，換算差額とは別途に表示する。

問題 2-10

財務諸表項目	決算整理後残高試算表（単位：ドル）	換算レート	残高試算表（単位：円）		損益計算書（単位：円）		貸借対照表（単位：円）	
現　　　　金	3,000	95	285,000				285,000	
売　掛　金	6,000	95	570,000				570,000	
棚　卸　資　産	8,000	95	760,000				760,000	
有 形 固 定 資 産	45,000	95	4,275,000				4,275,000	
買　掛　金	5,000	95		475,000				475,000
長 期 借 入 金	10,000	95		950,000				950,000
資　本　金	30,000	120		3,600,000				3,600,000
利 益 剰 余 金	12,000	※		1,250,000				1,250,000
売　上　高	100,000	100		10,000,000		10,000,000		
売　上　原　価	84,000	100	8,400,000		8,400,000			
人　件　費	4,000	100	400,000		400,000			
減 価 償 却 費	5,000	100	500,000		500,000			
そ の 他 費 用	2,000	100	200,000		200,000			
計	157,000	157,000	15,390,000	16,275,000				
為替換算調整勘定			885,000				885,000	
当 期 純 利 益					500,000			500,000
合　　計			16,275,000	16,275,000	10,000,000	10,000,000	6,775,000	6,775,000

解説

決算日レート法の考え方に基づき，資産および負債は決算時の為替相場で換算し，収益および費用は，原則的な期中平均相場により円換算する。また，純資産の項目については，連結消去手続における整合性をとるため，資本金は株式取得時の為替相場により円換算する。また，利益剰余金は，株式取得時以降における当該項目の発生時の為替相場により円換算する。

外貨表示の在外子会社残高試算表を円換算した結果として生じる円表示による貸借差額は，為替換算調整勘定として処理する。

財務諸表項目	決算整理後残高試算表（単位：ドル）		換算レート	残高試算表（単位：円）		損益計算書（単位：円）		貸借対照表（単位：円）	
現　　　　金	3,000		95	285,000				285,000	
売　掛　金	6,000		95	570,000				570,000	
棚　卸　資　産	8,000		95	760,000				760,000	
有 形 固 定 資 産	45,000		95	4,275,000				4,275,000	
買　掛　金		5,000	95		475,000				475,000
長 期 借 入 金		10,000	95		950,000				950,000
資　本　金		30,000	120		3,600,000				3,600,000
利 益 剰 余 金		12,000	※		1,250,000				1,250,000
売　上　高		100,000	95		9,500,000	9,500,000			
売　上　原　価	84,000		95	7,980,000		7,980,000			
人　件　費	4,000		95	380,000		380,000			
減 価 償 却 費	5,000		95	475,000		475,000			
そ の 他 費 用	2,000		95	190,000		190,000			
計	157,000	157,000		14,915,000	15,775,000				
為替換算調整勘定				860,000				860,000	
当 期 純 利 益							475,000		475,000
合　　計				15,775,000	15,775,000	9,500,000	9,500,000	6,750,000	6,750,000

解説

　在外子会社の貸借対照表項目は決算時の為替相場で換算されるが，純資産の各項目については，その性質に応じた為替相場が適用される。具体的には，資本金は設立時の為替相場で換算され，利益剰余金は，その後の発生時の為替相場で換算される。

　本問は，収益および費用の換算に期中平均相場を適用する例外として，決算時の為替相場を適用するケースである。

　純資産項目のうち，当期純利益に関する換算相場が前問と本問で異なっている。この換算レート（@95円／ドル）は，資産および負債項目の換算レートと同じであるため，この当期純利益について差異は発生しない（＝為替換算調整勘定は発生しない）。このため，在外子会社の収益および費用に期中平均相場を適用した前問の為替換算調整勘定と，決算時の為替相場を適用した本問の為替換算調整勘定とでは，当期純利益に起因して発生する25,000円の差異が生じる。

[問題 2-10における純資産の部]

摘　要	ドル金額	換算レート	円換算額	CR	円換算額	差　額
資本金	30,000	120	3,600,000	95	2,850,000	750,000
利益剰余金	12,000	※1	1,250,000	95	1,140,000	110,000
当期純利益	5,000	※2　100	500,000	95	475,000	25,000
合計	47,000		5,350,000		4,465,000	885,000

※1　前期末までの発生の為替相場により換算した結果で算定されている。

※2　当期純利益は期中平均相場によって算定される。これは，在外子会社の収益および費用はともに期中平均相場で換算されるため，収益および費用を換算した結果の差額としての円貨での利益金額と，外貨による利益金額を期中平均相場で換算した円換算額は結果として同じになる。

問題2－10における為替換算調整勘定885,000円の内訳は次のとおり。

資本金に起因する差額　　　（@120円／ドル－@95円／ドル）×30,000ドル＝750,000円

利益剰余金に起因する差額　1,250,000円－@95円／ドル×12,000ドル＝110,000円

当期純利益に起因する差額　（@100円／ドル－@95円／ドル）×5,000ドル＝25,000円

[問題2－11における純資産の部]

摘　　要	ドル金額	換算レート	円換算額	CR	円換算額	差　　額
資本金	30,000	120	3,600,000	95	2,850,000	750,000
利益剰余金	12,000	※1	1,250,000	95	1,140,000	110,000
当期純利益	5,000	※2　95	475,000	95	475,000	0
合計	47,000		5,325,000		4,465,000	860,000

※1　前期末までの発生の為替相場により換算した結果で算定されている。

※2　収益および費用のすべてが決算時の為替相場で換算されるため，当期純利益も決算時の為替相場で換算した結果として算定される。

問題2－11における為替換算調整勘定860,000円の内訳は次のとおり。

資本金に起因する差額　　　（@120円／ドル－@95円／ドル）×30,000ドル＝750,000円

利益剰余金に起因する差額　1,250,000円－@95円／ドル×12,000ドル＝110,000円

当期純利益に起因する差額　（@95円／ドル－@95円／ドル）×5,000ドル＝0円

第 **3** 章
退職給付会計

問題 3－1

	正誤	内　　　容
(1)	×	割引率は，支払見込期間に対応する割引率を用いる。
(2)	○	
(3)	×	数理計算に用いた見積数値と実績との差異は，数理計算上の差異に該当するため，平均残存勤務期間以内の一定の年数で費用処理する。

解説

(1) 退職給付がすべて一時金で支払われるならば，退職と同時に退職金が一括して支払われるため，平均残存期間と支払見込期間は概ね一致する。しかし，企業年金の場合は，従業員が退職した後に定期的に支払うため，支払見込期間と平均残存期間は一致しない。

(3) 連結財務諸表を前提とすれば，未認識数理計算上の差異を発生した年度に一括して費用ではなくその他の包括利益として処理する。

20X4年度	20X5年度
20　万円	57　万円

解説

20X4年度の費用処理額

20X1年度発生分：300万円÷10年＝30万円

20X2年度発生分：500万円÷10年＝50万円

20X3年度発生分：△600万円÷10年＝△60万円

これらを合計すると20万円となる。

20X5年度の費用処理額

平均残存勤務期間が短くなった場合は，期首時点の未認識数理計算上の差異の残高を「短縮後の平均残存勤務期間－既経過期間」で費用処理する。

20X1年度発生分：（300万円－30万円×3）÷（8年－3年）＝42万円

20X2年度発生分：（500万円－50万円×2）÷（8年－2年）＝66.6…万円

20X3年度発生分：（△600万円－△60万円×1）÷（8年－1年）＝△77.1…万円

20X4年度発生分：200万円÷8年＝25万円

この合計を四捨五入すると57万円となる。

なお，仮に本問で平均残存勤務期間が長くなった場合は，期首残高は従来の年数で費用処理し，新たに発生した部分のみ長くなったあとの年数で費用処理する。

20X4年度	20X5年度
△3　万円	47　万円

解説

数理計算上の差異および過去勤務費用は，定額法の他に定率法によって費用処理することもできる。定率法の場合は，期首残高に対して年数に対応した一定率を掛け合わせて毎期の費用処理額を計算する。したがって，費用処理額を計算する際には，過年度の費用処理額を計算することによって期首の未認識数理計算上の差異の残高を把握しなければならない。

20X2年度費用処理額：300万円×0.206＝62万円→残高238万円＋500万円＝738万円

20X3年度費用処理額：738万円×0.206＝152万円→残高586万円－600万円＝△14万円

20X4年度費用処理額：△14万円×0.206＝△3万円→残高△11万円＋200万円＝189万円

また，平均残存勤務期間が短くなった場合は，短くなった後の年数に対応する定率を期首の残高に掛け合わせる。

20X5年度費用処理額：189万円×0.250＝47万円

問題 3-4

退職給付費用	退職給付引当金
344 千円	1,024 千円

解説

退職給付費用の計算

　　勤務費用：310千円

　　利息費用：3,000千円×3％＝90千円

　　期待運用収益：1,800千円×4％＝72千円（費用の減少）

　　過去勤務費用の費用処理額[*1]：220千円／11年＝20千円

　　数理計算上の差異の費用処理額[*2]：48千円／12年＝4千円（費用の減少）

　これらの合計より，344千円となる。

＊1　20X1年度に発生したことから，問題文の20X1年度末の未認識過去勤務費用の残高は，発生年度の1年分だけ費用処理した後の金額であるので，残り11年間で費用処理する。

＊2　数理計算上の差異の計算は以下のとおりである。

（単位：千円）

	期首残高	勤務／利息費用 期待運用収益	拠出額 支給額	期末予想	期末実績	数理計算上の差異
退職給付債務	3,000	310 90	△280	3,120	3,130	10（借）
年金資産	1,800	72	300 △280	1,892	1,950	58（貸）

　退職給付債務と年金資産の差異を差し引き，20X2年度に48千円（貸方差異）が発生している。また，数理計算上の差異は発生年度から費用処理するため，この金額を12年で割った金額を退職給付費用に含める。

退職給付引当金の計算

　　期首980千円－拠出額300千円＋退職給付費用344千円＝1,024千円　または，

　　退職給付債務3,130千円－年金資産1,950千円－未認識過去勤務費用200千円（借方差異）

　　＋未認識数理計算上の差異44千円（貸方差異）＝1,024千円

問題 3-5

（単位：千円）

	借 方 科 目	金　額	貸 方 科 目	金　額
20X1年度	退職給付引当金	200	当 座 預 金	200
	退職給付費用	180	退職給付引当金	180
	法人税等調整額	8	繰延税金資産	8
20X2年度	退職給付費用	250	退職給付引当金	250
	繰延税金資産	100	法人税等調整額	100

解説

＜20X1年度＞

　数理計算上の差異は発生の翌年度から費用処理するため，20X1年度に費用処理額はないが，20X2年度には費用処理が必要になる。また，連結財務諸表作成時（問題3-6）には発生年度に退職給付に係る調整額としてその他の包括利益に計上する必要がある。そこで，20X1年度の数理計算上の差異を計算すると次のとおりである。

（単位：千円）

	期首残高	勤務／利息費用 期待運用収益	拠出額 支給額	期末予想	期末実績	数理計算上の差異
退職給付債務	3,000	250 60	△225	3,085	3,085	0
年金資産	2,600	130	200 △225	2,705	2,555	150（借）

　また，20X1年度の税効果については，期首と期末の退職給付引当金の金額を比較し，その差額に法定実効税率を掛け合わせる。

　　期末380千円－期首400千円＝－20千円…将来減算一時差異の解消→20千円×40％＝8千円

　この法人税等調整額8千円は，退職給付費用180千円（税務上は損金ではないが会計上は費用である…将来減算一時差異の発生）に対する税効果72千円と，年金資産拠出額200千円（税務上は損金だが会計上は費用ではない…将来減算一時差異の解消）に対する税効果80千円とに分けて考えることもできる。

＜20X2年度＞

　20X2年度では，20X1年度に発生した数理計算上の差異を費用処理する。

　　150千円÷15年＝10千円

　したがって，退職給付費用は300千円＋65千円－125千円＋10千円＝250千円である。

　また，年金資産への拠出がないため，250千円がそのまま退職給付引当金の増加（将来減算一時差異の増加）となる。そこで，税効果は250千円×40％＝100千円と計算できる。

　なお，次問の連結修正仕訳のために，20X2年度に発生した数理計算上の差異を計算すると次のとおりである。

（単位：千円）

	期首残高	勤務／利息費用 期待運用収益	拠出額 支給額	期末予想	期末実績	数理計算上の差異
退職給付債務	3,085	300 65	0	3,450	3,450	0
年金資産	2,555	125	0	2,680	2,445	235（借）

問題 3-6

（単位：千円）

	借　方　科　目	金　額	貸　方　科　目	金　額
20X1年度	退 職 給 付 引 当 金	380	退職給付に係る負債	380
	退職給付に係る調整額	90	退職給付に係る負債	150
	繰 延 税 金 資 産	60		
20X2年度	退 職 給 付 引 当 金	630	退職給付に係る負債	630
	退職給付に係る調整累計額	90	退職給付に係る負債	150
	繰 延 税 金 資 産	60		
	退職給付に係る調整額	135	退職給付に係る負債	225
	繰 延 税 金 資 産	90		

解説

＜20X1年度＞

　はじめに，個別貸借対照表の退職給付引当金を連結貸借対照表の退職給付に係る負債に振り替える。そして，個別財務諸表で生じた未認識数理計算上の差異の金額を退職給付に係る負債に加減算するとともに，税効果調

整後の金額を退職給付に係る調整額としてその他の包括利益に計上する。この退職給付に係る調整額の仕訳は，次のとおり分解してもよい。

（借）	退職給付に係る調整額	150	（貸）	退職給付に係る負債	150
（借）	繰延税金資産	60	（貸）	退職給付に係る調整額	60

<20X2年度>

20X2年度では，20X1年度に連結修正で行った仕訳に関する開始仕訳が必要になる。また，20X1年と同様に数理計算上の差異に関する仕訳を行う。解答では，20X2年度に個別財務諸表において費用処理した数理計算上の差異の組替調整と新たに発生した数理計算上の差異に関する仕訳に，さらに税効果の仕訳を合算している。これらをわかりやすく分解すると，次の仕訳となる。

（借）	退職給付に係る負債	10	（貸）	退職給付に係る調整額	10
（借）	退職給付に係る調整額	235	（貸）	退職給付に係る負債	235
（借）	繰延税金資産	90	（貸）	退職給付に係る調整額	90

1つめの仕訳は，前期に発生した数理計算上の差異のうち，当期に個別財務諸表で費用処理した10について，組替調整を行ったものである。2つめの仕訳は，当期に発生した数理計算上の差異をその他の包括利益に計上し，実績数値による退職給付に係る負債を連結貸借対照表で示すための仕訳になる。そして，3つめの仕訳は，1つめと2つめの仕訳の税効果に関する処理である。この3つの仕訳の合算が解答の3つめの仕訳である。

第4章 リース会計

問題 4-1

	正誤	理　由
(1)	○	
(2)	×	いずれかの要件を充たせば，ファイナンス・リース取引と判定される。
(3)	×	すべてのファイナンス・リース取引は，売買取引に準じた会計処理をしなければならない。
(4)	×	原則として，売却損は長期前払費用として繰延処理しなければならない。
(5)	○	

解説

(2) 解約不能のリース期間におけるリース料総額の現在価値が見積現金購入価額の概ね90％以上，または解約不能のリース期間がリース物件の経済的耐用年数の概ね75％以上という条件のいずれかを満たす場合，ファイナンス・リース取引に該当すると判定される。

(3) 平成20年4月以降，それ以前に契約された取引を除き賃貸借取引に準じた会計処理は認められないこととなった（企業会計基準第13号「リース取引に関する会計基準」）。

(4) 売却損が，当該物件の合理的な見積市場価額が帳簿価額を下回ることにより生じたものである場合のみ，繰延処理せず売却時の損失として計上する。

問題 4-2

リース物件の取得原価 　3,800,000　 円

解説

リース料総額の現在価値：900,000円×4.32948＝3,896,532円

ファイナンス・リース取引の判定：3,896,532円＞3,800,000円×90％でファイナンス・リース取引と判定される。

リース物件の取得原価：見積現金購入価額がリース料総額の現在価値より低いため，見積現金購入価額がリース物件の取得原価となる。

年金現価係数：期間ｎ年，利率ｉ％（複利）で毎年同額の取崩しを行った場合において，取崩総額の現在価値を求めるための係数である。リース取引の処理にあたっては，毎年のリース料に年金現価係数を乗ずることにより，リース料総額の現在価値を求めることができる。この問題では，期間5年，利率5％の年金現価係数が，4.32948である。

問題 4-3

(1)　減価償却費　　　　　　　　　1,652,089　　円

　　リース資産の取得価額　　　　8,260,445　　円

　　減価償却累計額　　　　　　　3,304,178　　円

(2)　減価償却費　　　　　　　　　　997,500　　円

　　リース資産の取得価額　　　　8,400,000　　円

　　減価償却累計額　　　　　　　1,995,000　　円

解説

リース料総額の現在価値：前払方式であるため，次のようになる。

$1,850,000円＋1,850,000円／(1＋0.06)＋1,850,000円／(1＋0.06)^2＋1,850,000円／(1＋0.06)^3$

$＋1,850,000円／(1＋0.06)^4≒8,260,445円$

ファイナンス・リース取引の判定：8,260,445円＞8,400,000円×90％となり，ファイナンス・リース取引と判定される。

(1)のケース

所有権移転外ファイナンス・リース取引であり，リース資産の取得原価は，貸手の購入額と現在価値の低いほうの金額である8,260,445円となる。

減価償却は，リース期間にわたり，残存価額ゼロで計算される。X2年度の減価償却費ならびにX2年度末の減価償却累計額の金額は，次のようになる。

8,260,445円×1／5＝1,652,089円

8,260,445円×1／5×2＝3,304,178円

(2)のケース

所有権移転ファイナンス・リース取引であり，リース資産の取得原価は，貸手の購入額である8,400,000円となる。

減価償却は，経済的耐用年数にわたり，残存価額を見込んで計算される。X2年度の減価償却費ならびにX2年度末の減価償却累計額の金額は，次のようになる。

8,400,000円×95％×1／8＝997,500円

8,400,000円×95％×1／8×2＝1,995,000円

問題 4-4

	借 方 科 目	金 額	貸 方 科 目	金 額
(1) リース開始時 （X1年4月1日）	リ ー ス 資 産	4,491,293	リ ー ス 債 務	4,491,293
(2) 第1回の リース料支払時 （X1年9月30日）	リ ー ス 債 務 支 払 利 息	410,174 89,826	現 金 預 金	500,000
(3) X1年度決算時 （X2年3月31日）	リ ー ス 債 務 支 払 利 息 減 価 償 却 費	418,378 81,622 898,259	現 金 預 金 減価償却累計額	500,000 898,259

解説

リース料総額の現在価値

利子率は4％で，年間2回払い（後払い）であるため，半年の割引率は，

4％×1／2＝2％となり，現在価値の金額は，

500,000円／（1＋0.02）＋500,000円／（1＋0.02）^{2}＋500,000円／（1＋0.02）^{3}＋500,000円／（1＋0.02）^{4}

＋500,000円／（1＋0.02）^{5}＋500,000円／（1＋0.02）^{6}＋500,000円／（1＋0.02）^{7}＋500,000円／（1＋0.02）^{8}

＋500,000円／（1＋0.02）^{9}＋500,000円／（1＋0.02）^{10}≒4,491,293円

ファイナンス・リース取引の判定

4,491,293円＞4,600,000円×90％でファイナンス・リース取引と判定される。

リース資産の取得原価は，現在価値と見積購入価額の低いほうの金額の4,491,293円となる。

第1回のリース料支払時（X1年9月30日）

リース料のうち利息部分　4,491,293円×2％≒89,826円

元本返済額　500,000円－89,826円＝410,174円

X1年度決算時（X2年3月31日）

リース料のうち利息部分　（4,491,293円－410,174円）×2％≒81,622円

元本返済額　500,000円－81,622円＝418,378円

減価償却費　4,491,293円÷5年≒898,259円

第 **5** 章

減 損 会 計

問題 5-1

(1)	×	(2)	○	(3)	×	(4)	○	(5)	×

解説

(1) 割引前将来キャッシュ・フローの総額を見積もる期間は，資産の経済的残存使用年数と20年のいずれか短い期間，または資産グループ中の主要な資産の経済的残存使用年数と20年のいずれか短い期間である。

(3) 共用資産とは，複数の資産または資産グループの将来キャッシュ・フローの生成に寄与する資産のうち，のれん以外のものを意味している。したがって，のれんは共用資産には含まれない。

(5) 減損処理を行った固定資産を貸借対照表に表示する場合には，当該固定資産の減損処理前の取得原価から減損損失の金額を直接控除し，控除後の金額をその後の取得原価とする形式で貸借対照表に記載するのが原則である。

減損損失の認識の判定	割引前将来キャッシュ・フローの総額340,000円は帳簿価額460,000円を下回っているので，減損損失の認識を行う。

解説

　備品の割引前将来キャッシュ・フローの総額は，60,000円×4年+1,000,000円×0.1=340,000円である。また，備品の減価償却累計額は1,000,000円×（1-0.1）×（6年÷10年）=540,000円であるので，備品の帳簿価額は，取得原価1,000,000円-減価償却累計額540,000円=460,000円である。したがって，割引前将来キャッシュ・フローの総額340,000円は帳簿価額460,000円を下回っているので，減損損失の認識を行うと判定される。

問題 5-3

問1	減損損失の認識の判定	割引前将来キャッシュ・フローの総額2,720,000円は帳簿価額2,900,000円を下回っているので，減損損失の認識を行う。
問2	減損損失の金額	200,000　円

問3　減損損失を計上するための仕訳

借　方　科　目	金　　　額	貸　方　科　目	金　　　額
減　損　損　失	200,000	備　　　　　品	200,000

解説

問1　減損損失の認識の判定は，割引前将来キャッシュ・フローの総額と帳簿価額の比較によって行う。割引前将来キャッシュ・フローの総額は540,000円×5年+20,000円=2,720,000円であり，帳簿価額は取得原価10,000,000円-減価償却累計額7,100,000円=2,900,000円である。割引前将来キャッシュ・フローの総額2,720,000円は帳簿価額2,900,000円を下回っているので，減損損失の認識は行うと判定される。

問2　減損損失の金額は，帳簿価額と回収可能価額の差額として計算される。回収可能価額は，使用価値2,312,000円と正味売却価額2,700,000円のいずれか高いほうの金額であるので，本問では，正味売却価額2,700,000円が回収可能価額となる。したがって，減損損失の金額は，帳簿価額2,900,000円-回収可能価額2,700,000円=200,000円と計算される。

問3　減損損失を計上するための仕訳は，直接法により行う。

問題 5-4

	減損損失の金額
資産グループ全体	3,250,000円
土　　地	1,462,500円
建　　物	975,000円
機　　械	487,500円
備　　品	325,000円

解説

　本問の資産グループについては，減損の兆候があり，また割引前将来キャッシュ・フローの総額は18,500,000円，帳簿価額は9,000,000円+6,000,000円+3,000,000円+2,000,000円=20,000,000円であり，割引前将来キャッシュ・フローの総額18,500,000円は帳簿価額20,000,000円を下回っているので，減損損失の認識が行われる。

　資産グループについて，正味売却価額は16,750,000円，使用価値は15,250,000円であるので，高いほうの金額

である正味売却価額16,750,000円が回収可能価額となる。したがって，資産グループ全体の減損損失の金額は，帳簿価額20,000,000円－回収可能価額16,750,000円＝3,250,000円と計算される。

また，減損損失の配分は，帳簿価額に基づいて各構成資産に比例的に配分する方法によるので，各構成資産の減損損失の金額は次のように計算される。

　　　土地の減損損失＝3,250,000円×（9,000,000円÷20,000,000円）＝1,462,500円

　　　建物の減損損失＝3,250,000円×（6,000,000円÷20,000,000円）＝　975,000円

　　　機械の減損損失＝3,250,000円×（3,000,000円÷20,000,000円）＝　487,500円

　　　備品の減損損失＝3,250,000円×（2,000,000円÷20,000,000円）＝　325,000円

問題 5-5

	減損損失の金額
資産 A	0 円
資産 B	0 円
資産 C	120,000 円
共用資産 D	80,000 円

解説

　共用資産に関して，より大きな単位でグルーピングを行う場合には，まず共用資産を含まない資産または資産グループごとに，減損の兆候の把握，減損損失の認識の判定，および減損損失の測定を行い，その後に，共用資産を含むより大きな単位について減損会計を実施する。

　本問では，資産 A には減損の兆候がないので，減損損失の認識の判定は行われない。資産 B および C には減損の兆候があり，減損損失の認識の判定が行われるが，このうち資産 B については，割引前将来キャッシュ・フローの総額300,000円は帳簿価額220,000円を上回っているので，減損損失の認識は行われない。一方，資産 C については，割引前将来キャッシュ・フローの総額340,000円は帳簿価額400,000円を下回っているので，減損損失の認識を行うことになり，帳簿価額400,000円－回収可能価額280,000円＝120,000円が減損損失として測定されることになる。

　次に，共用資産 D について減損の兆候があるので，共用資産を含むより大きな単位について減損会計が実施される。共用資産を含むより大きな単位の帳簿価額は250,000円＋220,000円＋400,000円＋240,000円＝1,110,000円である。したがって，共用資産を含むより大きな単位の割引前将来キャッシュ・フローの総額1,050,000円は帳簿価額1,110,000円を下回っているので，減損損失の認識を行うことになり，帳簿価額1,110,000円－回収可能価額910,000円＝200,000円が減損損失として測定されることになる。

　共用資産を加えることによって算定される減損損失の増加額は，より大きな単位の減損損失の金額200,000円－資産 C の減損損失の金額120,000円＝80,000円である。この減損損失の増加額80,000円は，原則として，共用資産 D の減損損失として配分することになる。

問題 5-6

のれんの減損損失の金額	1,500,000　円

解説

　のれんに関して，より大きな単位でグルーピングを行う場合には，まずのれんを含まない資産グループごとに，減損の兆候の把握，減損損失の認識の判定，および減損損失の測定を行い，その後に，のれんを含むより大きな単位について減損会計を実施する。

　本問では，資産グループ A，B，C すべてに減損の兆候があり，減損損失の認識の判定が行われるが，このうち資産グループ B および C については，割引前将来キャッシュ・フローの総額は帳簿価額を上回っているので，減損損失の認識は行われない。一方，資産グループ A については，割引前将来キャッシュ・フローの

32

総額2,800,000円は帳簿価額3,000,000円を下回っているので，減損損失の認識を行うことになり，帳簿価額3,000,000円－回収可能価額1,900,000円＝1,100,000円が減損損失として測定されることになる。

次に，のれんについて減損の兆候があるので，のれんを含むより大きな単位について減損会計が実施される。のれんを含むより大きな単位の帳簿価額は3,000,000円＋1,800,000円＋3,800,000円＋1,600,000円＝10,200,000円である。したがって，のれんを含むより大きな単位の割引前将来キャッシュ・フローの総額9,000,000円は帳簿価額10,200,000円を下回っているので，減損損失の認識を行うことになり，帳簿価額10,200,000円－回収可能価額7,600,000円＝2,600,000円が減損損失として測定されることになる。

のれんを加えることによって算定される減損損失の増加額は，より大きな単位の減損損失の金額2,600,000円－資産グループAの減損損失の金額1,100,000円＝1,500,000円である。この減損損失の増加額1,500,000円は，原則として，のれんの減損損失として配分することになる。

第6章 会計上の変更および誤謬の訂正

問題 6−1

(a)	手続	(b)	公正妥当	(c)	正当な理由
(d)	累積的影響額	(e)	期首	(f)	報告様式
(g)	組替え	(h)	不確実性	(i)	入手可能
(j)	将来	(k)	意図的	(1)	修正再表示

解説

(1)と(2)は会計方針の変更，(3)は表示方法の変更，(4)と(5)は会計上の見積りの変更，(6)は過去の誤謬に関する問題である。「会計方針の開示，会計上の変更及び誤謬の訂正に関する会計基準」の第4項から第7項，第14項，第17項および第21項の内容を問うている。

問題 6−2

(3)

解説

(1) 会計上の変更とは，会計方針の変更，表示方法の変更および会計上の見積りの変更をいう。過去の財務諸表における誤謬の訂正は，会計上の変更には該当しないものとされている（「会計方針の開示，会計上の変更及び誤謬の訂正に関する会計基準」第4項(4)および第43項）。

(2) 会計基準等の改正に伴う会計方針の変更の場合であって，会計基準に特定の経過的な取扱いが定められていないときは，新たな会計方針を過去の期間のすべてに遡及適用する。一方，会計基準等に特定の経過的な取扱いが定められているときは，その経過的な取扱いに従う（「会計方針の開示，会計上の変更及び誤謬の訂正に関する会計基準」第6項(1)）。

(4) 会計方針の変更を会計上の見積りの変更と区別することが困難な場合については，会計上の見積りの変更と同様に取り扱い，遡及適用は行わない（「会計方針の開示，会計上の変更及び誤謬の訂正に関する会計基準」第19項）。

問題 6-3

（単位：千円）

①	368,300	②	768,000	③	34,500
④	351,000	⑤	74,800	⑥	425,800

解説

「会計方針の開示，会計上の変更及び誤謬の訂正に関する会計基準」第7項に従って，先入先出法を遡及適用する。

① 商品および製品

先入先出法を遡及適用した場合の前会計年度の期末残高368,300千円を記入。

② 売上原価

先入先出法を遡及適用した場合の前会計年度の払出高768,000千円を記入。

③ 税引前当期純利益

遡及処理前の前会計年度における税引前当期純利益28,500千円に，従来の総平均法による払出高774,000千円と先入先出法を遡及適用した場合の払出高768,000千円との差額6,000千円を加算することで算定。

④ 利益剰余金の当期首残高

遡及処理前の前会計年度における利益剰余金期首残高351,000千円を記入。

⑤ 会計方針の変更による累積的影響額

従来の総平均法による前会計年度期首残高210,500千円と，先入先出法を遡及適用した場合の前会計年度期首残高285,300千円との差額74,800千円が，これより前の期間において費用（売上原価）とならなかった金額の累積的な差額であり，利益剰余金に影響を及ぼす金額である。

⑥ 遡及処理後当期首残高

上記④の利益剰余金期首残高351,000千円に上記⑤の累積的影響額74,800千円を加算することで算定。

問題 6-4

（単位：千円）

①	5,150	②	4,150	③	93,500

解説

「会計方針の開示，会計上の変更及び誤謬の訂正に関する会計基準」第14項を参照のこと。

問題 6-5

（単位：千円）

	借 方 科 目	金 額	貸 方 科 目	金 額
(1)	貸 倒 引 当 金	8,000	貸 倒 引 当 金 戻 入	8,000
(2)	特別修繕引当金	21,000	現 金	22,000
	修 繕 費	1,000		

解説

(1) 本問では，前期の決算における貸倒見積額80,000千円と，当期において新たに入手可能となった情報に基づき算定された貸倒見積額72,000千円との差額8,000千円の取扱いを問うている。会計上の見積りの変更のうち当期の損益に影響を与えるものについては，当期の営業損益または営業外損益として認識する。

(2) 本問では，前期以前の3期間にわたり入手可能な情報に基づいて計上されてきた特別修繕引当金の合計額21,000千円（＝7,000千円×3年）と，当期に確定した修繕費22,000千円との差額1,000千円の取扱いを問うている。実績が確定したときの見積額と実績額との差額は，確定した期の損益（営業損益または営業外損益）として認識する。

問題 6-6

（単位：千円）

借 方 科 目	金 額	貸 方 科 目	金 額
減 価 償 却 費	300,000	減価償却累計額	300,000

解説

　第2年度の期末の減価償却累計額は，取得原価1,500,000千円÷10年×2年＝300,000千円となる。これにより，第3年度の期首の帳簿価額は，取得原価1,500,000千円－減価償却累計額300,000千円＝1,200,000千円となる。固定資産の耐用年数の変更については，プロスペクティブ方式を適用する。したがって，第3年度以降の各期の減価償却費は，帳簿価額1,200,000千円÷4年＝300,000千円となる。

問題 6-7

（単位：千円）

借 方 科 目	金 額	貸 方 科 目	金 額
減 価 償 却 費	128,750	減価償却累計額	128,750

解説

　第3年度の期末の減価償却累計額は，第1年度の減価償却費500,000千円＋第2年度の減価償却費375,000千円＋第3年度の減価償却費281,250千円＝1,156,250千円となる。これにより，第4年度の期首の帳簿価額は，取得原価2,000,000千円－減価償却累計額1,156,250千円＝843,750千円となる。固定資産の減価償却方法の変更については，会計上の見積りの変更と同様に取り扱い，遡及適用は行わない。したがって，第4年度以降の各期の減価償却費は，（帳簿価額843,750千円－残存価額200,000千円）÷5年＝128,750千円となる。

第7章 本支店会計

問題 7-1

問1　本支店勘定と本支店間取引の相殺仕訳　　　　　（単位：千円）

	借 方 科 目	金 額	貸 方 科 目	金 額
①	本　　　店	53,000	支　　　店	53,000
②	支 店 へ 売 上	168,000	本 店 か ら 仕 入	168,000

問2　期首商品と期末商品に付加された内部利益を控除する仕訳　　（単位：千円）

	借 方 科 目	金 額	貸 方 科 目	金 額
①	繰 延 内 部 利 益	3,000	内 部 利 益 戻 入	3,000
②	内 部 利 益 控 除	5,400	繰 延 内 部 利 益	5,400

35

問3　本支店合併損益計算書の売上原価の区分

本支店合併損益計算書　　（単位：千円）

Ⅰ　売上高			（　　609,000）
Ⅱ　売上原価			
1　期首商品棚卸高	（　　50,000）		
2　当期商品仕入高	（　　450,000）		
合　計	（　　500,000）		
3　期末商品棚卸高	（　　54,000）	（　　446,000）	
売上総利益		（　　163,000）	

解説

(1)　内部利益の計算　$32,400千円 \times \dfrac{0.2}{1+0.2} = 5,400千円$

(2)　期首棚卸高（P／L）　35,000千円＋（18,000千円－繰延内部利益3,000千円）＝50,000千円

(3)　期末棚卸高（P／L）　27,000千円＋（32,400千円－5,400千円）＝54,000千円

問題 7－2

損　益（本　店）　　　　（単位：千円）

繰越商品(期首棚卸高)	53,000	売　　　　　　　上	488,000
仕　　　　　入	605,000	支　店　へ　売　上	262,200
営　　業　　費	97,000	繰越商品(期末棚卸高)	55,000
貸倒引当金繰入	460		
減　価　償　却　費	7,200		
当期純利益(総合損益)	42,540		
	805,200		805,200

損　益（支　店）　　　　（単位：千円）

繰越商品(期首棚卸高)	20,250	売　　　　　　　上	365,000
仕　　　　　入	55,000	繰越商品(期末棚卸高)	28,200
本　店　か　ら　仕　入	262,200		
営　　業　　費	47,000		
貸倒引当金繰入	300		
減　価　償　却　費	3,200		
当期純利益（本店）	5,250		
	393,200		393,200

総　合　損　益　　　　（単位：千円）

内　部　利　益　控　除	3,300	損　益（本　店）	42,540
当期純利益(繰越利益剰余金)	46,740	支　　　　　　店	5,250
		内　部　利　益　戻　入	2,250
	50,040		50,040

(1) 本店における貸倒引当金繰入の計算

① (39,000千円 + 32,000千円) × 1% = 710千円

② 貸倒引当金要設定額710千円 − 貸倒引当金残高250千円 = 貸倒引当金繰入460千円

(2) 支店における貸倒引当金繰入の計算

① (28,000千円 + 16,000千円) × 1% = 440千円

② 貸倒引当金要設定額440千円 − 貸倒引当金残高140千円 = 貸倒引当金繰入300千円

(3) 内部利益 期末棚卸分 25,300千円 × 0.15 ÷ 1.15 = 3,300千円

問題 7-3

本支店合併損益計算書 （単位：千円）

I	売上高		(820,000)
II	売上原価		
1	期首商品棚卸高	(50,500)	
2	当期商品仕入高	(635,000)	
	合　計	(685,500)	
3	期末商品棚卸高	(44,800)	
	差　引	(640,700)	
4	商品評価損	(300)	(641,000)
	売上総利益		(179,000)
III	販売費及び一般管理費		
1	販売諸経費	(132,650)	
2	減価償却費	(11,600)	
3	貸倒引当金繰入	(1,516)	(145,766)
	営業利益		(33,234)
IV	営業外収益		(2,700)
V	営業外費用		(14,800)
	当期純利益		(21,134)

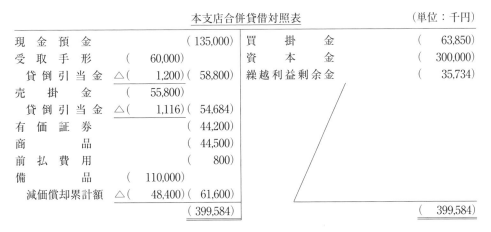

本支店合併貸借対照表 （単位：千円）

現　金　預　金		(135,000)	買　　掛　　金	(63,850)
受　取　手　形	(60,000)		資　　本　　金	(300,000)
貸倒引当金	△(1,200)	(58,800)	繰越利益剰余金	(35,734)
売　　掛　　金	(55,800)			
貸倒引当金	△(1,116)	(54,684)		
有　価　証　券		(44,200)		
商　　　　品		(44,500)		
前　払　費　用		(800)		
備　　　　品	(110,000)			
減価償却累計額	△(48,400)	(61,600)		
		(399,584)		(399,584)

<決算整理>（単位：千円）

(1)① 品質低下による評価損の計上

   （借）商 品 評 価 損 300 （貸）繰 越 商 品 300

 ② 内部利益の控除

  期末商品 9,350千円×0.1÷1.1＝850千円

  期末商品棚卸高

  本店30,000千円＋支店15,650千円－内部利益850千円－評価損300千円

  ＝44,500千円

  期首商品棚卸高

  本店37,000千円＋支店14,000千円－内部利益500千円＝50,500千円

(2) 貸倒引当金の設定

   （借）貸 倒 引 当 金 繰 入 1,516 （貸）貸 倒 引 当 金 1,516

  受取手形 （43,000千円＋17,000千円）×2％＝1,200千円

     1,200千円－450千円＝750千円

  売 掛 金 （36,000千円＋19,000千円＋為替換算分800千円）×2％

     ＝1,116千円

     1,116千円－350千円＝766千円

  貸倒引当金繰入 750千円＋766千円＝1,516千円

(3) 外貨建売掛金の為替換算差益

   （借）売 掛 金 800 （貸）為 替 差 損 益 800
              （営 業 外 収 益）

  8,000千円（@100円×80千ドル）－7,200千円（@90円×80千ドル）＝800千円

(4) 備品の減価償却費の計上

   （借）減 価 償 却 費 11,600 （貸）減 価 償 却 累 計 額 11,600

(5) 販売諸経費の前払分

   （借）前 払 費 用 800 （貸）販 売 諸 経 費 800

(6) 有価証券の運用損益

   （借）有 価 証 券 運 用 損 益 800 （貸）（売買目的）有価証券 800
    （営 業 外 費 用）

	期末時価	取得原価	運用損益
A 社株式	18,300千円	18,000千円	300千円
B 社株式	3,900千円	4,500千円	△600千円
C 社株式	22,000千円	22,500千円	△500千円

 C社株式については，円貨に換算して「原価」と「時価」を比較する。

  原価 250千ドル×@90円＝22,500千円 時価 220千ドル×@100円＝22,000千円

問題 8-1

	正誤	理　　由
(1)	×	共同支配企業の形成や共通支配下の取引の会計処理は，パーチェス法によらないため。
(2)	○	
(3)	×	当該不足額をそのまま利益とするのではなく，すべての識別可能資産および負債の把握や，取得原価の配分についての見直しが必要であるため。
(4)	×	現金を対価とする場合，分離元企業の継続的関与が認められない限り，投資が清算されたとみなされ，移転損益を認識する必要があるため。

解説

(1)　共同支配企業の形成および共通支配下の取引以外の企業結合は，その経済的実態が取得であるとみなされ，パーチェス法によって会計処理される。他方，共同支配企業の形成の場合には，従来の持分プーリング法と同様の処理が行われる（「企業結合に関する会計基準」第38項）。また共通支配下の取引は，連結財務諸表上内部取引として相殺消去されるため，企業集団内を移転する資産および負債には，移転直前の適正な帳簿価額が付される（第41項）。

(2)　「企業結合に関する会計基準」第31項。

(3)　負ののれんが生じると見込まれる場合には，負ののれん相当額に重要性が乏しい場合を除き，すべての識別可能資産および負債が把握されているか，また，それらに対する取得原価の配分が適切に行われているかどうかを見直す必要がある（「企業結合に関する会計基準」第33項）。

(4)　事業分離取引において，分離元企業は投資の継続・清算という観念に基づき，移転損益を認識するかどうかを判断する。たとえば，移転した事業とは明らかに異なる資産である現金を対価として受け取った場合には，投資が清算されているとみなされ，移転損益が認識される。ただし，事業分離後においても，分離元企業の重要な継続的関与がある場合には，投資が清算されたとはみなされない（「事業分離等に関する会計基準」第10項）。

問題 8-2

A	支配	B	便益	C	財務および経営方針
D	パーチェス法	E	被取得企業	F	時価
G	配分	H	信頼性	I	株価
J	資産	K	20	L	定額法
M	金額	N	費用	O	清算
P	株主資本相当額	Q	移転損益	R	継続

解説

　企業結合会計および事業分離会計における基本的な論点の穴埋め問題である。

　「企業結合に関する会計基準」によると，共同支配企業の形成および共通支配下の取引以外の企業結合は，その経済的実態が「取得」であるとみなされる。他の企業に対する支配を獲得した企業が取得企業とされ，パー

チェス法による会計処理を行うこととなる。「支配」の概念には「連結財務諸表に関する会計基準」で採用されているものが用いられている。すなわち，企業の意思決定機関（株主総会や取締役会）を支配しているか否かによって，支配の判定が行われる。

取得原価には，基本的に支払対価の時価が用いられるが，特に市場価格のある取得企業の株式が対価として交付された場合には，原則として企業結合日における株価が，支払対価の時価とされる。

資産として計上されたのれんは無形固定資産の区分に表示され，のれんの当期償却額は販売費及び一般管理費の区分に表示される。

事業分離取引における分離元企業の会計処理は，移転した事業に対する投資の清算・継続という観点から区別されており，投資が清算されたとみる場合には移転損益が認識され，継続しているとみる場合には移転損益は認識されない。

問題 8-3

（単位：千円）

借　方　科　目	金　　額	貸　方　科　目	金　　額
流　動　資　産	260,000	諸　　負　　債	330,000
固　定　資　産	640,000	資　　本　　金	300,000
の　　れ　　ん	30,000	資　本　準　備　金	190,000
		自　己　株　式	110,000

解説

本問では吸収合併におけるパーチェス法の処理を問うている。問題文より取得企業が甲社であることは判明しているため，取得原価の算定と取得原価の配分ができるか否かがポイントである。ただし，支払対価の一部に自己株式の交付が行われているため，仕訳を行うにあたっては注意が必要である。

1　取得原価の算定

甲社による乙社の取得原価は，交付される甲社株式の時価総額によって算定する。

甲社株式時価@6,000円×100千株＝600,000千円

2　取得原価の配分

取得原価600,000千円は受け入れる資産および負債に対して，それらの支配獲得日における時価を基礎として配分し，取得原価がそれらの純額を上回った場合には当該超過額がのれんとして計上される。

取得原価600,000千円−（流動資産260,000千円＋固定資産640,000千円＋繰延資産０円−諸負債330,000千円）
＝のれん30,000千円

3　増加資本の計算

取得における増加資本の金額は，支払対価として交付される株式等の時価（すなわち取得原価）である。ただし，交付される対価に自己株式が含まれる場合には，増加資本の金額は支払対価の時価から交付自己株式の帳簿価額を控除した残額となる。したがって，本問で資本準備金として計上される金額は，以下のように計算される。

取得原価600,000千円−（資本金組入額300,000千円＋自己株式110,000千円）＝資本準備金190,000千円

問題 8-4

問1　　△　100,000　　円

問2　　200,000　　円

解説

本問ではパーチェス法における取得原価の算定とのれんまたは負ののれんの算定を問うている。両設問に共通して必要となる純資産の時価は以下のとおりである。

諸資産5,200,000円－諸負債3,000,000円＝2,200,000円

問1

取得原価算定の要点をまとめると以下のようになる。

	対価の種類	判断事項	取得原価
(a)	現金の交付	－	交付した現金の額
(b)	現金以外の資産引渡または負債引受	時価の信頼性が被取得企業の時価より高い	対価の時価
		時価の信頼性が被取得企業の時価より低い	被取得企業の時価
(c)	株式の交付	交付株式に市場価格なし	(b)と同様に算定
		交付株式に市場価格あり	原則，株式の時価

本問では，C社の株式に市場価格が存在していることから，(c)のケースにあるとおり，交付する株式の時価を取得原価とする。

　　C社株式時価@1,000円×2,100株＝2,100,000円

よって，以下の計算式より負ののれん100,000円が解答となる。

　　取得原価2,100,000円－純資産時価2,200,000円＝－100,000円（負ののれん）

問2

本問では，市場価格のある株式交付のほかに現金を交付しているため，取得原価はこれらの合計金額によって算定される。

　　C社株式時価@900円×1,800株＋現金780,000円＝2,400,000円

よって，以下の計算式よりのれん200,000円が解答となる。

　　取得原価2,400,000円－純資産時価2,200,000円＝200,000円（のれん）

問題 8－5

問1

株式市価法による企業評価額を計算すると，1株当たり企業評価額はP社が（　58,000　）円，S社が（　11,600　）円となる。したがって，株式交換比率はP社：S社＝1：（　0.2　）となる。この交換比率から，P社がS社株主に交付する株式数は（　7,000　）株となるため，本株式交換における取得企業は（　P　）社である。

問2　P社の個別財務諸表上で必要となる仕訳

（単位：千円）

借 方 科 目	金 額	貸 方 科 目	金 額
子 会 社 株 式	420,000	資 本 金	190,000
		資 本 剰 余 金	230,000

問3　P社の連結貸借対照表に計上されるのれんの金額

90,000	千円

解説

本問は株式交換におけるパーチェス法による一連の処理を問うた問題である。株式交換は合併と異なり，企業結合後も当事企業が存続する。このため取得企業の仕訳処理は個別財務諸表上では完結せず，完全親会社が作成する連結財務諸表上でも必要となる。このように企業結合の法的形式によって，仕訳処理の仕方が異なる（ただし，最終的な結果は変わらない）ことに注意すること。また，本問を通じて企業評価額の算定や取得企

業の決定といった基本的な論点も整理しておくこと。

問1

P社およびS社の1株当たり企業評価額は，問題文に示されている3カ月間の株価総額平均値を，株式交換直前の発行済株式総数で除して求められる。

P社…2,494百万円÷43,000株＝＠58,000円

S社…406百万円÷35,000株＝＠11,600円

よって，株式交換比率およびP社の発行する株式数は以下のようになる。

P社：S社＝58,000円：11,600円＝1：0.2

S社発行済株式35,000株×株式交換比率0.2＝7,000株

以上より，完全親会社P社に対するP社株主と旧S社株主の議決権比率は，以下のように算定され，P社が取得企業となる。

P社株主：旧S社株主＝43,000株：7,000株＝0.86：0.14

問2

株式交換では完全親会社は完全子会社の株式を取得するのみであるため，完全親会社の個別財務諸表上は，完全子会社の取得原価は子会社株式として処理される。完全子会社の資産や負債に対する取得原価の配分やのれんの計上は，連結財務諸表上で行われることとなる。

P株式時価＠60,000円×7,000株＝取得原価420,000千円

問3

P社の連結貸借対照表を作成することで，株式交換によるS社の取得の処理は完了する。連結財務諸表の具体的な作成手続については第9章を参照されたいが，手順を要約すると，以下のように処理される。

① S社の資産および負債を企業結合日におけるそれらの時価に評価替えしたうえで，P社の貸借対照表と合算する。

② ①で生じた評価差額を含むS社の資本とP社が保有するS社株式とを相殺消去し，消去差額をのれんまたは負ののれんとして処理する。

連結財務諸表の作成が必要となるため，仕訳処理の手順は吸収合併と異なるが，受け入れる純資産の時価と取得原価の差額によってのれんまたは負ののれんを計算するという手続は同じである。したがって，のれんの金額は以下のように計算される（資産時価は，土地の時価上昇分だけ増加している）。

取得原価420,000千円－（資産時価530,000千円－負債時価200,000千円）＝90,000千円

問題 8-6

問1 A社で必要となる仕訳

借　方　科　目	金　　　　額	貸　方　科　目	金　　　　額
乙 事 業 負 債	25,000	乙 事 業 資 産	130,000
投 資 有 価 証 券	140,000	移 転 利 益	35,000

問2 B社で必要となる仕訳

借　方　科　目	金　　　　額	貸　方　科　目	金　　　　額
乙 事 業 資 産	150,000	乙 事 業 負 債	30,000
の　　れ　　ん	20,000	資　　本　　金	50,000
		資 本 準 備 金	30,000
		その他資本剰余金	60,000

　本問は事業分離取引（吸収分割）における分離元企業と分離先企業の会計処理を問うた問題である。事業分離取引における分離元企業は投資の継続性の観点から移転損益を認識するか否かが区別されるのに対し，分離先企業では受け入れる事業に対する支配を獲得しているか否か（パーチェス法を適用するか否か）が区別されることとなる。

問1　分離元企業Ａ社

　分離元企業であるＡ社では，移転される「乙事業に対する事業分離後の継続的関与は認められない」とあるため，乙事業に対する投資は清算されたものとみなされ，移転損益の認識が必要となる。「清算」は売却と読み替えると理解しやすいであろう。受取対価となるＢ社株式の時価と乙事業にかかる株主資本相当額との差額が移転損益となり，前者が後者より大きければ移転利益が，その逆の場合には移転損失が認識される。

　　　Ｂ社株式時価：@70円×2,000株＝140,000円

　　　乙事業の株主資本相当額：乙事業資産簿価130,000円－乙事業負債簿価25,000円＝105,000円

　　　移転損益：140,000円－105,000円＝35,000円（移転利益）

問2　分離先企業Ｂ社

　分離先企業であるＢ社は，「乙事業に対する支配を獲得した」とある。したがって，Ｂ社が乙事業の取得企業となり，パーチェス法の適用が必要となる。取得原価は交付したＢ社株式の時価であり，これを乙事業資産および乙事業負債にそれらの時価を基礎として配分し，残額をのれんとして計上することとなる。なお，増加資本の内訳は，問題文の指示に従えばよい。

　　　取得原価140,000円－（乙事業資産時価150,000円－乙事業負債時価30,000円）＝20,000円（のれん）

問題 8-7

①	企業結合の成果たる収益とその対価の一部であるのれんの償却という費用との対応が可能になる。
②	のれんが投資原価の一部を構成することに鑑みれば，(a)の方法は投資原価を超えて回収された超過額を企業にとっての利益とみる考え方とも首尾一貫する。

解説

　本問はのれんの会計処理に関する基本的な論述問題である。「企業結合に関する会計基準」（第105項～第107項）において，のれんの規則的償却が採用される論拠がいくつか示されている。本問はその中から規則的償却の理論的長所について問うたものである。なお，規則的償却を採用する論拠には，規則的償却を行わず減損処理のみを実施する方法の問題に対処できるという長所もあるが，こちらはやや間接的な論拠ともいえる。

規則的償却を行う方法の長所→解答の2点以外に以下のような論拠もある（別解となる）

・のれんのうち減価しない部分だけを合理的に分離することは困難であり，当該部分を含め規則的な償却を行う方法には一定の合理性があると認められる。

規則的償却を行わない方法の問題点への対処

・のれんの非償却による自己創設のれんの実質的な資産計上を防ぐことができる。

・いずれ実施する減損処理に備え，減価した部分の金額を継続的に把握することは困難かつ煩雑であり，ある事業年度において減価が全く認識されない可能性がある方法よりも，規則的償却を行うほうが合理的である。

・のれんが超過収益力を表すとみると，競争の進展によって通常は減価するにもかかわらず，償却しない方法では，このれん価値の減価の過程を無視することになる。のれんを規則的に償却すれば，この問題に対処できる。

・超過収益力が維持されている場合でも，それは企業結合後の追加的な投資や企業努力によって補完されて

いるためである。にもかかわらずのれんを償却しないことは，追加的投資等による自己創設ののれんを計上することと実質的に等しい。のれんを規則的に償却すれば，このような問題は生じない。

第9章　連結会計

問題 9－1

A	過半数	B	40％	C	50％
D	緊密な関係	E	同一の内容	F	同意している者
G	役員や使用人	H	方針の決定	I	取締役会
J	親会社	K	連結決算日	L	子会社
M	正規の決算	N	3カ月	O	同一環境
P	同一の性質	Q	統一		

解説

　連結財務諸表作成のための一般基準における基本的な論点の穴埋め問題である。一般基準は①連結の範囲の決定，②連結決算日に関する修正および③親子会社の会計処理の原則および手続の統一の3点について規定されている。

(1)　連結財務諸表作成の前提として「子会社」に該当する企業，すなわち親会社によって支配されている企業の判定を行い連結の範囲を画定する。子会社の判定基準は支配力基準と呼ばれており，他の企業の意思決定機関を支配しているか否かを実質的に判断する基準である。問題文にもあるとおり，支配には必ずしも投資企業自らが他の企業の議決権の過半数を保有している必要はない。議決権以外の要素も考慮して，支配の有無を実質的に判断することとなる（「連結財務諸表に関する会計基準」第7項）。

(2)　連結決算日は親会社の決算日とされ，子会社の決算日がこれと一致しない場合には，連結決算日において正規の決算に準ずる合理的な手続によって決算を行う（「連結財務諸表に関する会計基準」第15項および第16項）。したがって，子会社が親会社の決算日にあわせて決算手続を行う必要がある（決算日の差異が3カ月を超えない場合には，決算手続を実施しないことができる）。

(3)　企業集団を構成する各連結会社はそれぞれの環境下において経営活動を行っているため，それらの会計処理を画一的に統一することで，かえって連結財務諸表が企業集団の財政状態，経営成績およびキャッシュ・フローの状況を適切に表示しなくなるということも考えられる。このため会計処理の統一にあたっては，より合理的な会計処理の原則および手続を選択すべきであり子会社の会計処理を親会社の会計処理に統一する場合だけでなく，その逆の場合も考えられる（「連結財務諸表に関する会計基準」第57項および第58項）。

問題 9－2

(1)	○	(2)	×	(3)	○	(4)	×

解説

　子会社に該当するかどうかの判定問題である。本問を通じて，支配力基準による支配の有無の判定を理解すること。

(1)　P社の保有する議決権は過半数に満たないが，40％以上を保有しており，さらにA社の取締役会の過半数がP社の元役員で構成されているため，A社を支配していると認められる。よって，A社はP社の子会社となる。

(2) たとえP社がA社の議決権の過半数を保有していても，A社が破産会社であり破産管財人の管理下にあることから，P社による有効な支配従属関係は存在しないといえる。したがって，A社はP社の子会社に該当しない。

(3) まず議決権の過半数を保有されているB社はP社の子会社となる。「連結財務諸表に関する会計基準」(第6項)によれば，親会社および子会社，または子会社単独で支配している企業も，親会社の子会社とみなされる。本問ではP社およびB社によって，A社の75％の議決権が保有されていることになるため，A社はP社の子会社となる。

(4) P社はA社の議決権の40％以上を保有しているが，A社に対する融資額はA社の借入総額の過半には到達していないため，A社はP社の子会社に該当しない。

問題 9-3

問1

ア	一般に公正妥当と認められる	イ	個別財務諸表

問2

個別財務諸表基準性 の原則

問3

個別財務諸表基準性の原則の1つめの意味は，連結財務諸表は個別財務諸表を基礎として作成されなければならないということである。もう1つの意味合いは基礎となる個別財務諸表自体が一般に公正妥当と認められる企業会計の基準に準拠して作成されなければならないということである。このため，親会社および子会社の個別財務諸表が，減価償却の過不足，資産・負債の過大・過小計上などによって連結会社の財政状態等を適正に示していない場合には，その重要性が乏しい場合を除いて，連結財務諸表の作成上これを適正に修正しなければならない。

解説

連結財務諸表作成のための一般原則から，個別財務諸表基準性の原則についての出題である。個別財務諸表基準性の原則に含まれる2つの意味（個別財務諸表への準拠性と個別財務諸表自体の適正性）をしっかりと整理しておく必要がある。なお，近年における会計基準の国際的コンバージェンスの影響から，連結財務諸表上と個別財務諸表上とで取扱いの異なる項目が生じはじめており，一般に公正妥当と認められる企業会計の基準に準拠して作成された個別財務諸表を基礎としていても，連結財務諸表上では異なる処理が採用される場合がある点には注意すること。

問題 9-4

連結貸借対照表　　　　　　　　（単位：千円）

資　産	金　額	負債・純資産	金　額
流　動　資　産	(750,000)	流　動　負　債	(405,000)
固　定　資　産	(345,000)	固　定　負　債	(420,000)
（　の　れ　ん　）	(24,000)	資　本　金	(180,000)
（　　　　　　　）	(　　　　)	利　益　剰　余　金	(60,000)
		（非支配株主持分）	(54,000)
	(1,119,000)		(1,119,000)

※　借方の空欄には該当項目なし。

　連結貸借対照表作成のための基本的手続である資本連結についての出題である。資本連結に先立って，まず
S社の資産および負債を時価評価する必要がある（全面時価評価法）。時価評価差額を子会社の資本としたう
えで，親会社と子会社の個別貸借対照表を単純合算し，資本連結手続を実施する。

　資本連結とは，親会社の子会社に対する投資とこれに対応する子会社の資本とを相殺消去し，消去差額が生
じる場合には当該差額をのれん（または負ののれん）として計上するとともに，子会社の資本のうち親会社に
帰属しない部分を非支配株主持分に振り替えるという一連の手続をいう。

①　S社の資産および負債の時価評価

　　　（借）流　動　資　産　　　60,000　　（貸）評　価　差　額　　　120,000
　　　　　　固　定　資　産　　　45,000
　　　　　　流　動　負　債　　　15,000

　　流動資産：時価300,000千円－簿価240,000千円＝60,000千円

　　固定資産：時価135,000千円－簿価90,000千円＝45,000千円

　　流動負債：簿価120,000千円－時価105,000千円＝15,000千円

　固定負債には評価差額なし。なお，負債は資産とは逆に，時価が下落している場合に貸方評価差額となる
点に注意すること。

②　資本連結

　　　（借）資　　本　　金　　　120,000　　（貸）子　会　社　株　式　　　240,000
　　　　　　利　益　剰　余　金　　　30,000　　　　　非支配株主持分　　　　54,000
　　　　　　評　価　差　額　　　120,000
　　　　　　の　　れ　　ん　　　24,000

　非支配株主持分：（資本金120,000千円＋利益剰余金30,000千円＋評価差額120,000千円）×20％
　　　　　　　　　＝54,000千円

　のれん：貸借差額

問題 9－5

連　結　精　算　表　　　　　　　　　　　　　（単位：円）

項　目	個別財務諸表		連結修正		連結貸借対照表
	P社	S社	借方	貸方	
流　動　資　産	650,000	320,000			970,000
固　定　資　産	240,000	150,000	40,000		430,000
S　社　株　式	200,000	－		200,000	－
（の　れ　ん）	－	－	74,000	7,400	66,600
合　計	1,090,000	470,000	114,000	207,400	1,466,600
流　動　負　債	（500,000）	（240,000）			（740,000）
固　定　負　債	（200,000）	（70,000）			（270,000）
資　本　金	（300,000）	（100,000）	100,000		（300,000）
利　益　剰　余　金	（90,000）	（60,000）	53,400		（96,600）
評　価　差　額	－	－	40,000	40,000	－
（非支配株主持分）	－	－		60,000	（60,000）
合　計	（1,090,000）	（470,000）	193,400	100,000	（1,466,600）

※　貸方金額の場合には金額を（　）で括ること（「連結修正」欄を除く）。

解説

　本問は連結精算表からの出題である。連結精算表では，親会社および子会社の個別財務諸表の単純合算から，連結修正を経て連結財務諸表への計上額を算定するという一連の手続が実施される。以下の仕訳をまとめたものが，「連結修正」欄に記載されている。

① Ｓ社の資産および負債の時価評価

（借）固　定　資　産	40,000	（貸）評　価　差　額	40,000

　子会社の資産および負債の時価評価は，個別財務諸表の修正として行われるため，連結精算表における「個別財務諸表」欄において，すでに時価評価が行われている場合もある。本問は全面時価評価法による処理も併せて問うているため，上記の仕訳も連結精算表に記載する必要がある。

② 資本連結

（借）資　　本　　金	100,000	（貸）Ｓ　社　株　式	200,000
利　益　剰　余　金	40,000	非支配株主持分	54,000
評　価　差　額	40,000		
の　れ　ん	74,000		

　非支配株主持分：（資本金100,000円＋利益剰余金40,000円＋評価差額40,000円）×30％＝54,000円

　のれん：貸借差額

③ 利益剰余金増加額の振替およびのれん償却

（借）利　益　剰　余　金	6,000	（貸）非支配株主持分	6,000
（借）利　益　剰　余　金	7,400	（貸）の　れ　ん	7,400

　非支配株主持分：（20X2年3月期60,000円－20X1年3月期40,000円）×30％＝6,000円

　のれん償却額：74,000円÷10年＝7,400円

　本問ではＳ社に対する支配の獲得から1年が経過しているため，利益剰余金の増減額の非支配株主持分への振替やのれんの償却が必要となる。ただし，解答としては貸借対照表の作成のみが問われているため，厳密には「非支配株主に帰属する当期純損益」や「のれん償却」といった損益計算書項目を用いるべき仕訳についても，すべて「利益剰余金」で処理してよい。

問題 9-6

・商品未達処理の仕訳　　　　　　　　　　　　　　　　　　　　（単位：千円）

借　方　科　目	金　　額	貸　方　科　目	金　　額
棚　卸　資　産	10,000	買　掛　金	10,000

・取引高の相殺消去仕訳　　　　　　　　　　　　　　　　　　　（単位：千円）

借　方　科　目	金　　額	貸　方　科　目	金　　額
売　上　高	250,000	売　上　原　価	250,000

・期首商品に含まれる未実現利益の消去仕訳　　　　　　　　　　（単位：千円）

借　方　科　目	金　　額	貸　方　科　目	金　　額
利益剰余金当期首残高	14,000	売　上　原　価	14,000

・期末商品に含まれる未実現利益の消去仕訳　　　　　　　　　　（単位：千円）

借　方　科　目	金　　額	貸　方　科　目	金　　額
売　上　原　価	10,000	棚　卸　資　産	10,000

解説

本問は内部取引高の相殺消去および棚卸資産に含まれる未実現利益の消去（ダウン・ストリーム）についての出題である。問題の解答に先立って，損益計算書の空欄推定や，利益率計算が必要となる。問題文における損益計算書および売上原価の内訳項目を記入したものが以下のとおりである。

損益計算書（一部）（単位：千円）

	P社	S社
売上高	1,200,000	360,000
売上原価	(960,000)	(270,000)
売上総利益	(240,000)	(90,000)

売上原価の内訳	P社	S社
期首商品棚卸高	150,000	70,000
当期商品仕入高	900,000	(240,000)
合計	1,050,000	(310,000)
期末商品棚卸高	90,000	40,000
売上原価	960,000	(270,000)

- P社

 売上総利益：売上高1,200,000千円－売上原価960,000千円＝240,000千円
- S社

 当期商品仕入高：P社のS社向け販売高250,000千円－未達10,000千円＝240,000千円

 売上総利益：売上高360,000千円－売上原価270,000千円＝90,000千円
- 商品未達処理

 未達商品は企業集団にとっての期末商品棚卸高を構成する。未達商品の処理を厳密に示せば，以下のように，①未達商品の仕入処理と，②期末棚卸資産への振替処理が必要となる。

① 仕入処理

 （借）売　上　原　価　　10,000　（貸）買　　掛　　金　　10,000
 　　　（当期商品仕入高）

② 棚卸資産への振替処理

 （借）棚　卸　資　産　　10,000　（貸）売　上　原　価　　10,000
 　　　　　　　　　　　　　　　　　　（期末商品棚卸高）

 上記の仕訳のうち，売上原価は貸借に同額記入されているため，実際には解答の仕訳が行われることとなる。しかし，括弧内に示したとおり，それぞれの売上原価は当期商品仕入高と期末商品棚卸高の修正を意味しているため，商品未達を考慮すれば，上記のS社損益計算書は，当期商品仕入高が250,000千円に，期末商品棚卸高が50,000千円にそれぞれ修正されることとなる。

- 取引高の相殺消去

 問題文より，P社のS社向け販売高250,000千円が内部取引高となり，これが相殺消去金額となる。
- 未実現利益の相殺消去

 S社の棚卸資産に含まれるP社が付加した利益は，未実現利益であるため消去しなければならない。利益額の計算上，P社の商品販売における利益率を計算する必要がある。P社は「すべての顧客に対して，過年度より毎期一定の利益率にて商品販売を行っている」とあることから，未実現利益の計算に用いる利益率は，P社の損益計算書から算定すればよいことがわかる。S社における仕入原価はP社の販売価格に等しいため，S社の損益計算書における期首商品棚卸高および期末商品棚卸高に，P社の利益率を乗じることで未実現利益の額を計算できる。

48

利益率：売上総利益240,000千円÷売上高1,200,000千円＝0.2

期首未実現利益：S社期首商品棚卸高70,000千円×0.2＝14,000千円

期末未実現利益：（S社期末商品棚卸高40,000千円＋未達商品10,000千円）×0.2＝10,000千円

「仕訳に用いる項目は，連結財務諸表一式を作成しているものとして判断する」との指示があるため，期首の未実現利益消去には連結株主資本等変動計算書の項目である「利益剰余金当期首残高」を用いる。なお，本問では親会社から子会社への販売が行われており，いわゆるダウン・ストリームに該当するため，非支配株主持分への負担は不要である（全額消去・親会社負担方式）。

問題 9-7

- P社の期末棚卸資産に含まれる未実現利益の消去仕訳　　　　　　　　　　　　　　　（単位：千円）

借 方 科 目	金 額	貸 方 科 目	金 額
売 上 原 価	140,000	棚 卸 資 産	140,000
非支配株主持分当期変動額	28,000	非支配株主に帰属する当期純損益	28,000

- R社の期末棚卸資産に含まれる未実現利益の消去仕訳　　　　　　　　　　　　　　　（単位：千円）

借 方 科 目	金 額	貸 方 科 目	金 額
売 上 原 価	450,000	棚 卸 資 産	450,000
非支配株主持分当期変動額	36,000	非支配株主に帰属する当期純損益	36,000

- 当期の連結貸借対照表における製品Xの計上額

2,400,000	千円

解説

親会社が複数の子会社を支配し，各連結会社を経由して棚卸資産の売買が行われている場合には，本問のように販売のたびに各連結会社による利益の付加が行われる。連結財務諸表ではこれらすべての未実現利益を消去する必要があるため，まずは各連結会社の取引状況（製品Xへの利益付加の関係）を整理するとよい。なお，本問は問題文における金額の単位が「百万円」単位で統一されているが，解答上の単位が「千円」となっている点にも注意すること。

＜各社の製品X棚卸高に含まれる未実現利益＞

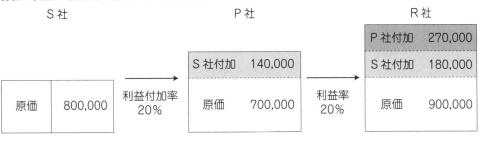

上図のように，R社の期末棚卸高の中には，P社が付加した利益だけでなく，S社がP社に対して付加した利益も含まれている点がポイントである。未実現利益として消去するのは，図の塗りつぶし部分であり，それぞれ以下のように計算される。また，すべての未実現利益を控除した「原価」の合計額が製品Xの連結貸借対照表計上額となる。

- P社棚卸高に含まれる未実現利益

　S社付加利益：840,000千円÷（1＋利益付加率0.2）×利益付加率0.2＝140,000千円

- R社棚卸高に含まれる未実現利益

　P社付加利益：1,350,000千円×利益率0.2＝270,000千円

S社付加利益：（1,350,000千円－270,000千円）÷（1＋0.2）×0.2＝180,000千円

消去額合計：270,000千円＋180,000千円＝450,000千円

- 製品Xの連結貸借対照表計上額

800,000千円＋700,000千円＋900,000千円＝2,400,000千円

　未実現利益を消去するにあたり，注意しなければならないのが，S社からP社に向けた売上げは，アップ・ストリームに該当し，消去した未実現利益をS社の非支配株主にも負担させる必要がある点である（全額消去・持分按分負担方式）。さらにR社の保有する製品XにもS社付加利益が含まれているため，こちらの消去に際してもS社の非支配株主への負担が必要となる。

- P社棚卸高に含まれる未実現利益の負担額

140,000千円×S社非支配株主持分比率20％＝28,000千円

- R社棚卸高に含まれる未実現利益の負担額

180,000千円×20％＝36,000千円

　問題文より「仕訳に用いる項目は，連結財務諸表一式を作成しているものとして判断する」とあるため，非支配株主持分への負担仕訳には連結株主資本等変動計算書の項目である「非支配株主持分当期変動額」を用いている。なお，上記のような指示がない場合には，連結貸借対照表項目である「非支配株主持分」を用いて仕訳してよい（当期変動額による処理の影響は最終的には連結貸借対照表の非支配株主持分に集約されるため）。

問題 9－8

① 20X1年度の連結修正仕訳

借　方　科　目	金　　額	貸　方　科　目	金　　額
固 定 資 産 売 却 益	6,000,000	建　　　　　　物	6,000,000
減 価 償 却 累 計 額	240,000	減 価 償 却 費	240,000
非支配株主持分当期変動額	2,304,000	非支配株主に帰属する当期純損益	2,304,000

② 20X2年度の連結修正仕訳

借　方　科　目	金　　額	貸　方　科　目	金　　額
利益剰余金当期首残高	3,456,000	建　　　　　　物	6,000,000
減 価 償 却 累 計 額	480,000	減 価 償 却 費	240,000
非支配株主持分当期首残高	2,304,000	非支配株主持分当期変動額	96,000
非支配株主に帰属する当期純損益	96,000		

解説

　アップ・ストリームによる償却性固定資産（建物）の売買から生じた未実現利益の消去に関する問題である。連結会社間での固定資産の売買の結果として売却損益が生じた場合には，棚卸資産と同様に，当該売却損益を未実現損益として消去する必要がある。固定資産に含まれる未実現利益を消去した結果，過大な帳簿価額に基づいて計上された減価償却費の金額も修正の対象となる。アップ・ストリームであることから，これらの修正の影響は非支配株主持分にも負担させることとなる。なお，本問では連結修正仕訳を2期連続で問うているが，過年度の連結修正仕訳における損益計算書項目や株主資本等変動計算書項目が，当年度ではどのような項目で処理されているかを把握しておくこと。

- 20X1年度の連結修正

固定資産売却益：売却額40,000,000円－帳簿価額34,000,000円＝6,000,000円

減価償却費の修正額：6,000,000円÷25年＝240,000円

非支配株主持分への負担額：（6,000,000円－240,000円）×40％＝2,304,000円

　P社の損益計算書では，減価償却費1,600,000円が計上されている（40,000,000円÷25年）。この金額はS社が付加した売却益の分だけ過大となった取得原価に基づいて計算されている。そこで，この過大部分にかかる減

価償却費240,000円を修正することで，連結上は取得原価を基礎として減価償却を実施した場合と同額の減価償却費を計上できる（34,000,000円÷25年＝1,360,000円）。また，未実現利益の消去によって減少した利益のうち，240,000円は減価償却費の減額修正によって実現している。このため，両者の差額に非支配株主持分比率を乗じた額が，非支配株主持分への負担額となる。

- 20X2年度の連結修正

　利益剰余金当期首残高：20X1年度（売却益6,000,000円－減価償却費240,000円－非支配株主に帰属する当
期純損益2,304,000円）＝3,456,000円

　非支配株主持分当期変動額：240,000円×40％＝96,000円

　20X1年度の連結修正仕訳における損益計算書項目は，すべて連結貸借対照表の利益剰余金に集約される。このため，以下の仕訳に示したとおりいずれの項目も20X2年度においては「利益剰余金当期首残高」として処理される。同様に，非支配株主持分についても期首残高に対する修正仕訳を行うことになる。

（借）利益剰余金当期首残高	6,000,000	（貸）建　　　　　　　　物	6,000,000
減 価 償 却 累 計 額	240,000	利益剰余金当期首残高	240,000
非支配株主持分当期首残高	2,304,000	利益剰余金当期首残高	2,304,000

　さらに，20X2年度における減価償却の減額修正によって，前期に消去した未実現利益が一部実現（利益が増加）する。このうち非支配株主持分相当は，「非支配株主持分当期変動額」として処理する。

（借）減 価 償 却 累 計 額	240,000	（貸）減 価 償 却 費	240,000
非支配株主に帰属する当期純損益	96,000	非支配株主持分当期変動額	96,000

　上記2つの仕訳をまとめたものが解答である。

問1　連結修正仕訳

• 当期純利益　　　　　　　　　　　　　　　　　　　　　　　（単位：千円）

借 方 科 目	金 額	貸 方 科 目	金 額
非支配株主に帰属する当期純損益	10,800	非支配株主持分当期変動額	10,800

• 剰余金の配当　　　　　　　　　　　　　　　　　　　　　　（単位：千円）

借 方 科 目	金 額	貸 方 科 目	金 額
受 取 配 当 金	14,000	剰 余 金 の 配 当	20,000
非支配株主持分当期変動額	6,000		

問2　連結損益及び包括利益計算書（一部）

連結損益及び包括利益計算書　　（単位：千円）

⋮	⋮
当期純利益	（　　57,700）
（内訳）	
親会社株主に帰属する当期純利益	（　　46,900）
非支配株主に帰属する当期純利益	（　　10,800）
その他の包括利益：	
その他有価証券評価差額金	（　　4,500）
繰延ヘッジ損益	（　　1,500）
その他の包括利益合計	（　　6,000）
包括利益	（　　63,700）
（内訳）	
親会社株主に係る包括利益	（　　52,300）
非支配株主に係る包括利益	（　　11,400）

その他の包括利益の内訳

その他有価証券評価差額金：	
当期発生額	（　　6,000）
組替調整額	（　△　1,500）
繰延ヘッジ損益：	
当期発生額	（　　1,500）
その他の包括利益合計	（　　6,000）

解説

　当期純利益および剰余金の配当の修正，ならびに連結損益及び包括利益計算書の作成に関する出題である。支配獲得日後に生じた子会社の利益剰余金およびその他の包括利益累計額のうち，非支配株主に帰属する部分は非支配株主持分に振り替えられる。また，子会社が行った利益剰余金の配当は内部取引として消去し，親会社受領分については親会社に計上されている「受取配当金」と相殺し，非支配株主受領分については，非支配株主持分を減額する。なお，問題文中のP社およびS社の株主資本等変動計算書の空欄はすべて差引計算にて推定可能であり，以下のようになる。

株主資本等変動計算書　　　（単位：千円）

	P 社	S 社
⋮	⋮	⋮
利益剰余金		
当期首残高	200,000	120,000
当期変動額		
剰余金の配当	△35,000	△20,000
当期純利益	（　48,000）	（　36,000）
当期変動額合計	13,000	（　16,000）
当期末残高	（213,000）	136,000
⋮	⋮	⋮
その他有価証券評価差額金		
当期首残高	（　5,000）	3,000
当期変動額（純額）	2,500	（　2,000）
当期末残高	7,500	5,000
繰延ヘッジ損益		
当期首残高	0	－
当期変動額（純額）	（　1,500）	－
当期末残高	1,500	－
⋮	⋮	⋮

問1　連結修正仕訳

S社当期純利益の振替額：36,000千円×30％＝10,800千円

受取配当金の修正額：剰余金の配当20,000千円×P社持分70％＝14,000千円

非支配株主持分への負担額：剰余金の配当20,000千円×30％＝6,000千円

問2　連結損益及び包括利益計算書

　1計算書方式による当期の連結損益及び包括利益計算書をP社およびS社の株主資本等変動計算書を手掛かりに作成する。特に，個別上は貸借対照表の純資産の部に直接計上される「評価・換算差額等」は，連結損益及び包括利益計算書作成上「その他の包括利益」に含められる点に注意する必要がある。各金額の計算式は以下のとおり。

- 当期純利益

　P社純利益48,000千円＋S社純利益36,000千円－受取配当金の減額修正14,000千円

　　－のれん償却12,300千円＝57,700千円

- 非支配株主に帰属する当期純利益

　S社純利益36,000千円×30％＝10,800千円

※配当金の修正やのれんの償却はP社の持分に係るものであるため，非支配株主に帰属する当期純利益には影響しない。

- その他の包括利益（その他有価証券評価差額金）

　P社2,500千円＋S社2,000千円＝4,500千円

※個別の株主資本等変動計算書におけるその他有価証券評価差額金および繰延ヘッジ損益の当期変動額は，当期の連結損益及び包括利益計算書における「その他の包括利益」となる。

- 親会社株主に係る包括利益

　包括利益63,700千円－非支配株主に係る包括利益11,400千円＝52,300千円

- 非支配株主に係る包括利益

　非支配株主に帰属する当期純利益10,800千円＋S社その他の包括利益2,000千円×30％＝11,400千円

- その他有価証券評価差額金当期発生額

　P社当期変動額2,500千円＋組替調整額1,000千円＋S社当期変動額2,000千円＋組替調整額500千円

＝6,000千円

※ 「組替調整額」は，当期首に売却されたその他有価証券に対して，前期末時点で計上されていた評価差額金に等しい。前期にその他の包括利益として計上された評価差額は，当期の売却によって「投資有価証券売却益」としてＰ社およびＳ社の当期純利益に含められている。このように当期以前にその他の包括利益として計上された項目が当期純利益を構成する場合，当該項目の金額は「組替調整額」として注記の対象となる。Ｐ社の当期変動額は，組替調整の対象となった1,000千円の減額と当期発生額である3,500千円の増額との純額として計算されている。同様に，Ｓ社の当期変動額は，組替調整の対象となった500千円の減額と当期発生額である2,500千円の増額との純額として計算されている。

問題 9-10

	正誤	理 由
(1)	×	現行制度では，のれんは有償取得に限るべきとの立場をとっており，非支配株主持分に係るのれんは計上されないため。
(2)	○	
(3)	×	非支配株主持分は，負債の部と純資産の部の中間に独立の区分を設けるのではなく，純資産の部において表示されるため。

解説

連結貸借対照表に関する基本的な正誤判定問題である。

(1) のれんの計上に関しては，非支配株主持分に相当する部分についても，親会社の持分について計上した額から推定した額などによって計上すべきであるとする考え方（全部のれん方式）もあるが，推定計算などの方法により非支配株主持分についてのれんを計上することにはなお問題が残されている。現行制度においては，「のれんの計上は有償取得に限るべき」という従前の立場（購入のれん方式）を踏襲して，非支配株主持分に相当するのれんは計上されない（「企業結合に関する会計基準」第98項）。

(2) 「企業結合に関する会計基準」第47項。

(3) 非支配株主持分は，連結貸借対照表上，純資産の部に計上される（「連結財務諸表に関する会計基準」第32項）。

問題 9-11

借 方 科 目	金 額	貸 方 科 目	金 額
利 益 剰 余 金	803,600	売 上 原 価	200,000
法 人 税 等 調 整 額	87,000	棚 卸 資 産	1,800,000
繰 延 税 金 資 産	540,000	売 掛 金	15,000,000
非支配株主に帰属する当期純損益	60,900	貸 倒 引 当 金 繰 入	90,000
非 支 配 株 主 持 分	283,500	繰 延 税 金 負 債	135,000
買 掛 金	15,000,000		
貸 倒 引 当 金	450,000		

解説

未実現利益の消去および債権債務の相殺消去と貸倒引当金の修正，それらに関する連結税効果会計についての出題である。連結税効果は，連結財務諸表固有の一時差異に対して適用される手続であり，連結財務諸表の作成手続過程で，個別上と連結上での資産および負債の計上額の相違が一時差異に該当する。本問で出題した論点以外に，子会社の資産および負債の時価評価によって生じた評価差額も，連結固有の一時差異に該当する

ため，併せておさえておくとよい。なお，本問の連結会社間取引はアップ・ストリームであるため，連結修正に伴う非支配株主持分への負担も必要となる。税効果会計を実施している場合の非支配株主への負担は，未実現利益の消去額や貸倒引当金の修正額とそれらに対する税効果額の純額を基礎として計算する。

以上に基づいて，当期必要となる連結修正仕訳は以下のとおりであり，解答はこれを集約したものである。

• 棚卸資産の未実現利益の消去

（借）利 益 剰 余 金	2,000,000	（貸）売 上 原 価	2,000,000
売 上 原 価	1,800,000	棚 卸 資 産	1,800,000

前期未実現利益：8,000,000円×25％＝2,000,000円

当期未実現利益：6,000,000円×30％＝1,800,000円

• 税効果

（借）法 人 税 等 調 整 額	600,000	（貸）利 益 剰 余 金	600,000
繰 延 税 金 資 産	540,000	法 人 税 等 調 整 額	540,000

前期未実現利益に対する税効果：2,000,000円×30％＝600,000円

当期未実現利益に対する税効果：1,800,000円×30％＝540,000円

※ 税効果には，売却元の連結会社であるS社の実効税率30％を用いる。

• 非支配株主持分への負担

（借）非支配株主に帰属する当期純損益	420,000	（貸）利 益 剰 余 金	420,000
非 支 配 株 主 持 分	378,000	非支配株主に帰属する当期純損益	378,000

前期未実現利益に関する負担額：（2,000,000円－600,000円）×30％＝420,000円

当期未実現利益に関する負担額：（1,800,000円－540,000円）×30％＝378,000円

※ 非支配株主持分への負担額は，税効果考慮後の純額に基づいて計算する。

• 売掛金と買掛金の相殺消去

（借）買 掛 金	15,000,000	（貸）売 掛 金	15,000,000

※ 未達取引はないことから，P社のS社向け買掛金はS社のP社向け売掛金と同額計上されている。このため，［資料］より判明する事項として，これらの相殺消去仕訳も必要となる。

• 貸倒引当金の修正

（借）貸 倒 引 当 金	450,000	（貸）利 益 剰 余 金	360,000
		貸 倒 引 当 金 繰 入	90,000

前期貸倒引当金：12,000,000円×3％＝360,000円

貸倒引当金繰入の修正額：（15,000,000円－12,000,000円）×3％＝90,000円

• 税効果

（借）利 益 剰 余 金	108,000	（貸）繰 延 税 金 負 債	135,000
法 人 税 等 調 整 額	27,000		

前期貸倒引当金修正額に対する税効果：360,000円×30％＝108,000円

貸倒引当金繰入の修正額に対する税効果：90,000円×30％＝27,000円

※ 個別上の損金不算入はないため，繰延税金資産との相殺は不要である。

• 非支配株主持分への負担

（借）利 益 剰 余 金	75,600	（貸）非 支 配 株 主 持 分	94,500
非支配株主に帰属する当期純損益	18,900		

前期貸倒引当金修正に関する負担額：（360,000円－108,000円）×30％＝75,600円

貸倒引当金繰入の修正に関する負担額：（90,000円－27,000円）×30％＝18,900円

(1)	×	(2)	×	(3)	○	(4)	×	(5)	○	(6)	×

解説

連結キャッシュ・フロー計算書に関する基本的な正誤判定問題である。

(1) 連結キャッシュ・フロー計算書が対象とする資金の範囲は現金および現金同等物であるが，当座預金や普通預金といった要求払預金は，このうち「現金」に含まれる（「連結キャッシュ・フロー計算書等の作成基準」第二，一，1および注1）。

(2) 連結キャッシュ・フロー計算書の作成にあたっては，連結会社相互間のキャッシュ・フローは相殺消去しなければならない（「連結キャッシュ・フロー計算書等の作成基準」第二，三）。

(3) 「連結キャッシュ・フロー計算書等の作成基準」第三，二および注8。

(4) 問題の文章は，「営業活動によるキャッシュ・フロー」の区分の作成方法である直接法と間接法に関する説明であり，原則法や簡便法は，連結キャッシュ・フロー計算書そのものの作成方法である（「連結キャッシュ・フロー計算書等の作成基準」第三，一，1および2）。

(5) 受取利息および受取配当金は，「営業活動によるキャッシュ・フロー」の区分または「投資活動によるキャッシュ・フロー」の区分のいずれかに計上される（「連結キャッシュ・フロー計算書等の作成基準」第二，二，3）。

(6) 支払利息は，「営業活動によるキャッシュ・フロー」の区分または「財務活動によるキャッシュ・フロー」の区分のいずれかに計上される可能性があるが，支払配当金は「財務活動によるキャッシュ・フロー」の区分のみに記載される（「連結キャッシュ・フロー計算書等の作成基準」第二，二，3）。

問題 9-13

① 前期の連結貸借対照表における空欄

a	392,000	b	430,000	c	のれん
d	40,000	e	208,000	f	非支配株主持分
g	40,000				

② 当期の連結財務諸表

連結貸借対照表　　　　（単位：千円）

資　産	金　額	負債・純資産	金　額
現　金　預　金	(181,760)	買　掛　金	(332,000)
売　掛　金	(396,000)	未　払　金	(210,000)
棚　卸　資　産	(250,000)	借　入　金	(604,000)
建　　　物	(184,000)	貸　倒　引　当　金	(11,880)
土　　　地	(530,000)	資　本　金	(200,000)
（　の　れ　ん　）	(36,000)	利　益　剰　余　金	(322,936)
長　期　貸　付　金	(150,000)	（非支配株主持分）	(46,944)
（　　　　　　　）	(　　　　　)	（　　　　　　　）	(　　　　　)
	(1,727,760)		(1,727,760)

連結損益計算書　　　　（単位：千円）

費　用	金　額	収　益	金　額
売　上　原　価	（　3,646,000）	売　上　高	（　4,538,000）
販　管　費	（　760,120）	受　取　利　息	（　6,000）
（のれん償却）	（　4,000）	（　　　　）	（　　　　）
支　払　利　息	（　22,000）	（　　　　）	（　　　　）
非支配株主に帰属する当期純利益	（　8,944）		
（　　　　）	（　　　　）		
親会社株主に帰属する当期純利益	（　102,936）		
	（　4,544,000）		（　4,544,000）

連結株主資本等変動計算書（一部）　　　　（単位：千円）

	利益剰余金	非支配株主持分
当期首残高	（　240,000）	（　40,000）
当期変動額		
剰余金の配当	（△　20,000）	
親会社株主に帰属する当期純利益	（　102,936）	
当期変動額合計	（　82,936）	（　6,944）
当期末残高	（　322,936）	（　46,944）

連結キャッシュ・フロー計算書　　　　（単位：千円）

Ⅰ　営業活動によるキャッシュ・フロー
税 金 等 調 整 前 当 期 純 利 益　（　111,880）
減　価　償　却　費　（　28,000）
（　の れ ん 償 却　）　（　4,000）
（貸 倒 引 当 金）の増加額　（　120）
受　取　利　息　（△　6,000）
支　払　利　息　（　22,000）
売掛金の（　増　加　）額　（△　4,000）
棚卸資産の（　減　少　）額　（　24,000）
買掛金の（　減　少　）額　（△　68,000）
未払金の（　増　加　）額　（　2,000）
　　小　計　（　114,000）
利　息　の　受　取　額　（　6,000）
利　息　の　支　払　額　（△　22,000）
営業活動によるキャッシュ・フロー　（　98,000）
Ⅱ　投資活動によるキャッシュ・フロー
建 物 の 取 得 に よ る 支 出　（△　60,000）
土 地 の 取 得 に よ る 支 出　（△　100,000）
投資活動によるキャッシュ・フロー　（△　160,000）
Ⅲ　財務活動によるキャッシュ・フロー
借　入　に　よ　る　収　入　（　240,000）
借 入 金 の 返 済 に よ る 支 出　（△　96,000）
親会社による（配当金）の支払額　（△　20,000）
非支配株主への（配当金）の支払額　（△　2,000）
財務活動によるキャッシュ・フロー　（　122,000）

Ⅳ	現金及び現金同等物の（増加）額	（	60,000）
Ⅴ	現金及び現金同等物の期首残高	（	121,760）
Ⅵ	現金及び現金同等物の期末残高	（	181,760）

解説

　連結財務諸表作成手続一巡についての出題である。連結財務諸表の作成手続は，部分よりも全体で理解したほうがよいため，本問を通じて連結財務諸表作成手続を包括的に理解できるとよい。

① 連結修正仕訳

・乙社の資産および負債の評価

| | （借）土　　　　地 | 40,000 | （貸）評　価　差　額 | 40,000 |

　前期末時価200,000千円－前期末簿価160,000千円＝40,000千円

　乙社の土地は時価で計上されることとなるため，前期連結貸借対照表の土地は，甲社の簿価230,000千円と合わせて430,000千円となる。

・資本連結

（借）資　　本　　金	100,000	（貸）子　会　社　株　式	200,000
利益剰余金当期首残高	60,000	非支配株主持分当期首残高	40,000
評　価　差　額	40,000		
の　れ　ん	40,000		

　非支配株主持分：（資本金100,000千円＋利益剰余金60,000千円＋評価差額40,000千円）×20％＝40,000千円

　のれん：貸借差額

　乙社に対する支配を獲得したのは前期末であるため，利益剰余金や非支配株主持分は株主資本等変動計算書における当期首残高に対する修正が必要となる。この資本連結により，①前期の連結貸借対照表における「のれん」と「非支配株主持分」が判明する。残る項目は前期の連結貸借対照表の貸借差額によって推定できる。

・当期純利益の振替え，配当金の修正およびのれん償却

（借）非支配株主に帰属する当期純損益	9,760	（貸）非支配株主持分当期変動額	9,760
（借）受　取　配　当　金	8,000	（貸）剰　余　金　の　配　当	10,000
非支配株主持分当期変動額	2,000		
（借）の　れ　ん　償　却	4,000	（貸）の　　れ　　ん	4,000

　非支配株主に帰属する当期純損益：乙社当期純利益48,800千円×20％＝9,760千円

　受取配当金：乙社の剰余金の配当10,000千円×80％＝8,000千円

　のれん償却：40,000千円÷10年＝4,000千円

　乙社の行った剰余金の配当は連結修正によって消去されるため，連結株主資本等変動計算書の「剰余金の配当」は，甲社の支払った配当金のみになる。

・商品売買による取引高の相殺消去

| （借）売　　上　　高 | 300,000 | （貸）売　上　原　価 | 300,000 |

・未実現利益の相殺消去（アップ・ストリーム）と非支配株主持分への負担

| （借）売　上　原　価 | 6,000 | （貸）棚　卸　資　産 | 6,000 |
| （借）非支配株主持分当期変動額 | 1,200 | （貸）非支配株主に帰属する当期純損益 | 1,200 |

　未実現利益：乙社仕入商品期末棚卸高40,000千円×（1－原価率85％）＝6,000千円

　非支配株主への負担額：6,000千円×20％＝1,200千円

　アップ・ストリームであることを把握したうえで，非支配株主持分への負担を忘れずに行うこと。

・債権債務の相殺消去および貸倒引当金の修正と非支配株主持分への負担

（借）買　　掛　　金	64,000	（貸）売　　掛　　金	64,000
（借）貸　倒　引　当　金	1,920	（貸）販　　管　　費	1,920
（借）非支配株主に帰属する当期純損益	384	（貸）非支配株主持分当期変動額	384

貸倒引当金修正額：64,000千円×3％＝1,920千円

非支配株主への負担額：1,920千円×20％＝384千円

　アップ・ストリームの場合，貸倒引当金の修正についても，非支配株主持分への負担が必要となる。なお，乙社の甲社向け販売は当期から開始されているため，貸倒引当金の計上額が全額貸倒引当金繰入（販管費）となる。

②　当期の連結財務諸表の作成上必要となる各種金額の計算（個別財務諸表の単純合算で求められるものは省略）

- 連結貸借対照表上の各項目

売掛金：甲社272,000千円＋乙社188,000千円－修正64,000千円＝396,000千円

棚卸資産：甲社156,000千円＋乙社100,000千円－修正6,000千円＝250,000千円

土地：甲社230,000千円＋乙社260,000千円＋修正40,000千円＝530,000千円

のれん：前期末40,000千円－償却4,000千円＝36,000千円

買掛金：甲社224,000千円＋乙社172,000千円－修正64,000千円＝332,000千円

貸倒引当金：甲社8,160千円＋乙社5,640千円－修正1,920千円＝11,880千円

資本金：甲社資本金200,000千円

利益剰余金：連結株主資本等変動計算書「利益剰余金当期末残高」より，322,936千円

非支配株主持分：連結株主資本等変動計算書「非支配株主持分当期末残高」より，46,944千円

- 連結損益計算書上の各項目

売上高：甲社2,820,000千円＋乙社2,018,000千円－修正300,000千円＝4,538,000千円

売上原価：甲社2,240,000千円＋乙社1,700,000千円＋修正（－300,000千円＋6,000千円）＝3,646,000千円

販管費：甲社500,840千円＋乙社261,200千円－修正1,920千円＝760,120千円

非支配株主に帰属する当期純利益：9,760千円－1,200千円＋384千円＝8,944千円

親会社株主に帰属する当期純利益：貸借差額より，102,936千円

- 連結株主資本等変動計算書（利益剰余金）

当期首残高：前期連結貸借対照表「利益剰余金」より，240,000千円

剰余金の配当：甲社配当金支払額20,000千円

親会社株主に帰属する当期純利益：連結損益計算書「親会社株主に帰属する当期純利益」より，102,936千円

当期末残高：差引計算より，322,936千円

- 連結株主資本等変動計算書（非支配株主持分）

当期首残高：資本連結仕訳より，40,000千円

当期変動額合計：連結損益計算書「非支配株主に帰属する当期純利益」8,944千円－配当金負担額2,000千円＝6,944千円

当期末残高：上記合計より，46,944千円

- 連結キャッシュ・フロー計算書上の各項目

税金等調整前当期純利益：連結損益計算書「親会社株主に帰属する当期純利益」102,936千円＋「非支配株主に帰属する当期純利益」8,944千円＝111,880千円

減価償却費：前期末「建物」152,000千円＋当期取得60,000千円－当期末「建物」184,000千円＝28,000千円

のれん償却：連結損益計算書「のれん償却」より，4,000千円

貸倒引当金の増加額：当期末残高11,880千円－前期末残高11,760千円＝120千円

受取利息：連結損益計算書「受取利息」より，－6,000千円

支払利息：連結損益計算書「支払利息」より，22,000千円

売掛金の増加額：前期末残高392,000千円－当期末残高396,000千円＝－4,000千円

棚卸資産の減少額：前期末残高274,000千円－当期末残高250,000千円＝24,000千円

買掛金の減少額：当期末残高332,000千円－前期末残高400,000千円＝－68,000千円

未払金の増加額：当期末残高210,000千円－前期末残高208,000千円＝2,000千円

利息の受取額：上記受取利息の修正額より，6,000千円

利息の支払額：上記支払利息の修正額より，－22,000千円

建物の取得による支出：建物取得額合計より，－60,000千円

土地の取得による支出：土地取得額より，－100,000千円

借入による収入：借入金当期増加額合計より，240,000千円

借入金の返済による支出：借入金当期減少額合計より，－96,000千円

親会社による配当金の支払額：連結株主資本等変動計算書「剰余金の配当」より，－20,000千円

非支配株主への配当金の支払額：非支配株主配当金受領額－2,000千円

現金及び現金同等物の期首残高：前期連結貸借対照表「現金預金」より，121,760千円

　間接法によって「営業活動によるキャッシュ・フロー」の区分を作成している場合，引当金，売上債権，棚卸資産や仕入債務といった項目の増減額を加算または減算する必要がある。慣れないうちは，いずれが加算または減算となるかの判定が難しいかもしれない。その場合には次のように考えると，わかりやすいであろう。

- 借方項目（売上債権や棚卸資産など）が増加している場合

  増加したのは「現金で他の資産を購入した」ためと考え，減算項目とする。

- 借方項目（売上債権や棚卸資産など）が減少している場合

  減少したのは「他の資産が現金に換金された」ためと考え，加算項目とする。

- 貸方項目（引当金や仕入債務など）が増加している場合

  増加したのは「負債を負担して，現金収入を得た」ためと考え，加算項目とする。

- 貸方項目（引当金や仕入債務など）が減少している場合

  減少したのは「負債を現金によって返済した」ためと考え，減算項目とする。

　なお，上記はあくまでわかりやすいように資産負債の増減とキャッシュ・フロー計算書上の加減算をまとめているだけであって，記述のとおりの取引が行われているわけではない点には注意すること。

問題 9-14

　問1　持分法について

> 　持分法とは，投資会社が被投資会社の株主資本等および損益のうち投資会社に帰属する部分の変動に応じて，その投資の額を連結決算日ごとに修正する方法をいい，一行連結と呼ばれることもある。

　問2　20X1年度の連結財務諸表作成のために必要となる持分法適用仕訳

借　方　科　目	金　　　額	貸　方　科　目	金　　　額
関 連 会 社 株 式	49,500	持分法による投資損益	79,500
受 取 配 当 金	30,000		

　問3　20X2年度の連結貸借対照表に記載される関連会社株式の金額

669,000	円

解説

持分法に関する出題である。

　問1　持分法の定義を中心に記述すればよい（企業会計基準第16号「持分法に関する会計基準」第4項）。

　問2　「一行連結」という呼び名にもあるとおり，持分法は被投資会社の財政状態および経営成績のうち投資会社に帰属する部分のみを，貸借対照表の投資額と損益計算書の持分法による投資損益に反映させる方法である。このため，持分法では，基本的に子会社の連結（全部連結）と同様の手続が必要となる。なお，解答は以下の仕訳をすべてまとめたものである。

① のれん相当額の計算とその償却

　　　　（借）持分法による投資損益　　10,500　（貸）関連会社株式　　10,500

　持分法では資本連結のような処理は行われないが，同様の計算を実施することで，投資勘定の中に含まれるのれん相当額を把握しておく必要がある。そして20X1年度よりのれん相当額の償却が開始される。

　　　のれん相当額：Ａ社株式取得原価600,000円−（資本金1,000,000円＋利益剰余金500,000円＋評価差額
　　　　　　　　150,000円）×30％＝105,000円

　　　償却額：105,000円÷10年＝10,500円

② 当期純利益の振替えと配当金の修正

　　　　（借）関連会社株式　　90,000　（貸）持分法による投資損益　　90,000
　　　　（借）受取配当金　　30,000　（貸）関連会社株式　　30,000

　　純利益の振替額：300,000円×30％＝90,000円

　　配当金の修正額：100,000円×30％＝30,000円

問3　20X1年度における持分法の適用に加え，20X2年度の持分法による処理結果を踏まえればよい。なお，株主資本等変動計算書の空欄推定は，20X1年度における当期末残高が20X2年度の当期首残高に等しいことが理解できていれば容易であろう。

　　　　　　　　　　　　　　　　　　　　　　　　　　　　　　　　　　（単位：円）

（Ａ社株式の増減）		取得原価	600,000
20X1年度の持分法適用	のれん償却		△ 10,500
	純利益振替		90,000
	配当金の修正		△ 30,000
	20X1年度連結貸借対照表計上額		649,500
20X2年度の持分法適用	のれん償却		△ 10,500
	純利益振替		75,000
	配当金の修正		△ 45,000
	20X2年度連結貸借対照表計上額		669,000

　20X2年度純利益の振替額：250,000円※×30％＝75,000円

※　20X2年度利益剰余金期末残高800,000円−（期首残高700,000円−剰余金の配当150,000円）
　　＝当期純利益250,000円

　20X2年度配当金の修正額：150,000円×30％＝45,000円

問題 10-1

(1)	出資証券	(2)	スワップ	(3)	デリバティブ
(4)	契約	(5)	受渡	(6)	一般
(7)	破産更生	(8)	貸倒実績	(9)	600
(10)	23,200	(11)	7,000	(12)	繰延税金
(13)	50,000				

【解説】

(9)および(10)

総記法によって，B社株式に関する取引を記帳すると，売買目的有価証券勘定は，次のようになる。

売買目的有価証券

期首残高	100株×@￥100＝	￥10,000	当期売却	400株×@￥106＝	￥42,400
当期購入	500株×@￥110＝	￥55,000	残高		￥22,600

したがって，運用損益は次のようになる。

運用損益＝200株×￥116－￥22,600＝￥600

決算整理仕訳は，次のようになる。

(借) 売買目的有価証券 　　 600 　(貸) 有価証券運用損益 　　 600

売買目的有価証券の勘定記入は，次のようになる。

売買目的有価証券

期首残高	100株×@￥100＝	10,000	当期売却	400株×@￥106＝	42,400
当期購入	500株×@￥110＝	55,000	次期繰越		23,200
運用損益		600			
		65,600			65,600

(11) その他有価証券評価差額金＝(￥100,000－￥90,000)×(1－0.3)＝7,000

(13) 有価証券評価損＝￥90,000－￥40,000＝￥50,000

損 益 計 算 書

X2年4月1日から X3年3月31日まで　（単位：千円)

Ⅰ　売　上　高　　　　　　　　　　　　　　　　(　2,214,000)

Ⅱ　売　上　原　価

　　1．期首商品棚卸高　　　　(　　290,000)

　　2．当期商品仕入高　　　　(　1,656,000)

　　　　　　計　　　　　　　(　1,946,000)

　　3．他勘定振替高　　　　　(　　 15,000)

　　4．期末商品棚卸高　　　　(　　260,000)　　(　1,671,000)

　　　　売　上　総　利　益　　　　　　　　　　(　　543,000)

Ⅲ　販売費及び一般管理費

　　1．販　　売　　費　　　　　150,000

　　2．広　告　宣　伝　費　　　(　　 48,000)

　　3．退　職　給　付　費　用　(　　 20,000)

　　4．役員賞与引当金繰入　　　(　　 12,000)

　　5．貸　倒　引　当　金　繰　入　(　　 2,600)

　　6．減　価　償　却　費　　　(　　 55,000)

　　7．水　道　光　熱　費　　　(　　 26,500)

　　8．租　税　公　課　　　　　(　　 38,000)

　　9．研　究　開　発　費　　　(　　 51,000)　　(　　403,100)

　　　　営　業　利　益　　　　　　　　　　　　(　　139,900)

Ⅳ　営業外収益

　　1．受　取　地　代　　　　　(　　 36,000)

　　2．受　取　利　息　　　　　(　　 2,000)　　(　　 38,000)

Ⅴ　営業外費用

　　1．支　払　利　息　　　　　(　　 73,100)

　　2．社　債　利　息　　　　　(　　 12,800)

　　3．貸　倒　引　当　金　繰　入　(　　 8,000)　　(　　 93,900)

　　　　税引前当期純利益　　　　　　　　　　　(　　 84,000)

　　　　法人税・住民税・事業税　(　　 64,500)

　　　　法人税等調整額　　　　(　△9,600)　　(　　 54,900)

　　　　当　期　純　利　益　　　　　　　　　　(　　 29,100)

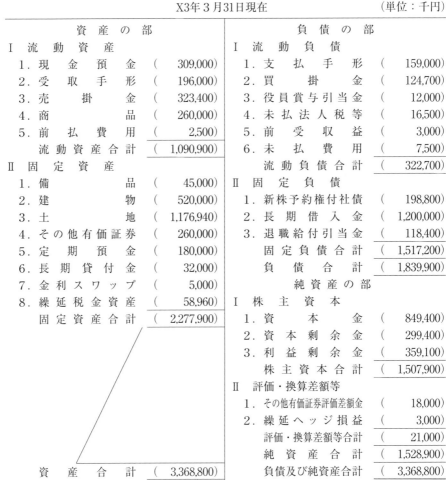

貸 借 対 照 表

X3年３月31日現在　　　　　　　　　　　　　　　（単位：千円）

資 産 の 部		負 債 の 部	
Ⅰ 流 動 資 産		Ⅰ 流 動 負 債	
１．現 金 預 金	（　309,000）	１．支 払 手 形	（　159,000）
２．受 取 手 形	（　196,000）	２．買 掛 金	（　124,700）
３．売 掛 金	（　323,400）	３．役員賞与引当金	（　12,000）
４．商 品	（　260,000）	４．未 払 法 人 税 等	（　16,500）
５．前 払 費 用	（　2,500）	５．前 受 収 益	（　3,000）
流 動 資 産 合 計	（　1,090,900）	６．未 払 費 用	（　7,500）
Ⅱ 固 定 資 産		流 動 負 債 合 計	（　322,700）
１．備 品	（　45,000）	Ⅱ 固 定 負 債	
２．建 物	（　520,000）	１．新株予約権付社債	（　198,800）
３．土 地	（　1,176,940）	２．長 期 借 入 金	（　1,200,000）
４．その他有価証券	（　260,000）	３．退職給付引当金	（　118,400）
５．定 期 預 金	（　180,000）	固 定 負 債 合 計	（　1,517,200）
６．長 期 貸 付 金	（　32,000）	負 債 合 計	（　1,839,900）
７．金 利 ス ワ ッ プ	（　5,000）	純 資 産 の 部	
８．繰 延 税 金 資 産	（　58,960）	Ⅰ 株 主 資 本	
固 定 資 産 合 計	（　2,277,900）	１．資 本 金	（　849,400）
		２．資 本 剰 余 金	（　299,400）
		３．利 益 剰 余 金	（　359,100）
		株 主 資 本 合 計	（　1,507,900）
		Ⅱ 評価・換算差額等	
		１．その他有価証券評価差額金	（　18,000）
		２．繰 延 ヘ ッ ジ 損 益	（　3,000）
		評価・換算差額等合計	（　21,000）
		純 資 産 合 計	（　1,528,900）
資 産 合 計	（　3,368,800）	負債及び純資産合計	（　3,368,800）

※　注記：貸 倒 引 当 金　（　18,600）
　　　　　備品減価償却累計額　（　15,000）
　　　　　建物減価償却累計額　（　280,000）

解説

［資料２］の決算整理事項について仕訳を示すと，次のとおりである。

1.	（借）定 期 預 金	180,000	（貸）現 金 預 金	180,000
	（借）現 金 預 金	2,000	（貸）買 掛 金	2,000
2.	（借）仕 入 値 引	24,000	（貸）仕 入	24,000
	（借）仕 入	290,000	（貸）繰 越 商 品	290,000
	（借）繰 越 商 品	260,000	（貸）仕 入	275,000
	広 告 宣 伝 費	15,000		
	（借）売 上	30,000	（貸）売 上 値 引	30,000
3.	（借）貸倒引当金繰入	2,600	（貸）貸 倒 引 当 金	2,600

貸倒引当金繰入＝（200,000千円＋330,000千円）×２％－8,000千円＝2,600千円

4.	（借）貸倒引当金繰入 　　　（営 業 外 費 用）	8,000	（貸）貸 倒 引 当 金	8,000

$$貸倒懸念債権の回収可能額＝\frac{35,280千円}{1.05^2}＝32,000千円$$

貸倒引当金繰入＝40,000千円－32,000千円＝8,000千円

5.	（借）　金利スワップ	5,000	（貸）　繰延税金負債	2,000
			繰延ヘッジ損益	3,000
6.	（借）　退職給付引当金	12,000	（貸）　退職給付	12,000
	（借）　退職給付費用	20,000	（貸）　退職給付引当金	20,000
	（借）　役員賞与引当金繰入	12,000	（貸）　役員賞与引当金	12,000
7.	（借）　減価償却費	55,000	（貸）　建物減価償却累計額	40,000
			備品減価償却累計額	15,000
	（借）　研究開発費	30,000	（貸）　備品	30,000

備品の減価償却費＝（90,000千円－30,000千円）÷8年×2.00＝15,000千円

8.	（借）　前払費用	2,500	（貸）　水道光熱費	2,500
	（借）　受取地代	3,000	（貸）　前受収益	3,000
	（借）　支払利息	7,500	（貸）　未払費用	7,500
9.	（借）　その他有価証券	10,000	（貸）　繰延税金資産	4,000
			その他有価証券評価差額金	6,000
	（借）　その他有価証券	30,000	（貸）　繰延税金負債	12,000
			有価証券評価差額金	18,000
10.	（借）　社債利息	800	（貸）　新株予約権付社債	800
	（借）　新株予約権付社債	198,800	（貸）　資本金	99,400
			資本剰余金	99,400

社債利息＝（400,000千円－400,000千円×0.99）÷5年＝800千円

株式転換する新株予約権付社債の簿価＝（396,800千円＋800千円）÷2＝198,800千円

11.	（借）　租税公課	2,000	（貸）　仮払法人税等	2,000
	（借）　法人税・住民税・事業税	64,500	（貸）　仮払法人税等	48,000
			未払法人税等	16,500
12.	（借）　繰延税金資産	9,600	（貸）　法人税等調整額	9,600
	（借）　繰延税金負債	14,000	（貸）　繰延税金資産	14,000

一時差異を推定すると次のとおり。

（単位：千円）

一時差異が生じる 資産・負債	前年度末		当年度末（各自推定）		流動／固定
	加／減	金　額	加／減	金　額	
貸倒引当金	－	－	減算	8,000	固定
建物	減算	48,000	減算	56,000	固定
退職給付引当金	減算	110,400	減算	118,400	固定
金利スワップ	－	－	加算	5,000	固定
その他有価証券	減算	10,000	加算	30,000	固定

繰延税金資産＝（8,000千円＋56,000千円＋118,400千円）×0.4＝72,960千円

繰延税金負債（純資産直入項目に対するもの）＝（5,000千円＋30,000千円）×0.4＝14,000千円

法人税等調整額＝72,960千円－（67,360千円－4,000千円）＝9,600千円

問題 10−3

(1)	216	(2)	196	(3)	無形
(4)	資本剰余金	(5)	持分	(6)	投資
(7)	為替換算調整	(8)	包括利益	(9)	セグメント
(10)	資産	(11)	共同支配	(12)	パーチェス

解説

(1) S社資本＝800千円＋100千円＋（380千円－300千円）＝980千円

のれん＝1,000千円－980千円×0.8＝216千円

(2) 非支配株主持分＝980千円×0.2＝196千円

(3)〜(4) 「連結財務諸表に関する会計基準」を参照。

(5)〜(6) 「持分法に関する会計基準」を参照。

(7)〜(8) 「包括利益の表示に関する会計基準」を参照。

(9)〜(10) 「セグメント情報等の開示に関する会計基準」を参照。

(11)〜(12) 「企業結合に関する会計基準」を参照。

連結精算表（X3年度）　　　　　　　　　　　　（単位：千円）

	個別財務諸表			連結仕訳				連結財務諸表
	P社	S社	合計	開始仕訳	非支配株主持分への振替	のれん償却・評価差額実現	内部取引の相殺	
連結損益及び包括利益計算書								
営 業 収 益	(30,000)	(22,000)	(52,000)					(52,000)
営 業 費 用	24,900	18,500	43,400			100		43,500
営 業 外 収 益	(2,500)	(800)	(3,300)				1,200	(2,100)
営 業 外 費 用	1,200	300	1,500					1,500
特 別 利 益	(600)		(600)					(600)
の れ ん 償 却						88		88
法 人 税 等	2,500	1,500	4,000			(40)		3,960
当 期 純 利 益	(4,500)	(2,500)	(7,000)			148	1,200	(5,652)
非支配株主に帰属する当期純利益					500	(12)		488
親会社株主に帰属する当期純利益	(4,500)	(2,500)	(7,000)		500	136		(5,164)
当 期 純 利 益	(4,500)	(2,500)	(7,000)			148	1,200	(5,652)
その他の包括利益当期発生額	450	250	700					700
その他の包括利益組替調整額	250		250					250
その他の包括利益に係る税効果額	(280)	(100)	(380)					(380)
包 括 利 益	(4,080)	(2,350)	(6,430)	0		148	1,200	(5,082)
連結株主資本等変動計算書								
（利 益 剰 余 金）								
当 期 首 残 高	(8,000)	(4,000)	(12,000)	3,656				(8,344)
親会社株主に帰属する当期純利益	(4,500)	(2,500)	(7,000)		500	136	1,200	(5,164)
配 当 金	2,500	1,500	4,000		(300)		(1,200)	2,500
当 期 末 残 高	(10,000)	(5,000)	(15,000)	3,656	200	136	0	(11,008)
（その他の包括利益累計額）								
当 期 首 残 高	880	(500)	380	580				960
当 期 変 動 額（純 額）	420	150	570		(30)			540
当 期 末 残 高	1,300	(350)	950	580	(30)			1,500
（非 支 配 株 主 持 分）								
当 期 首 残 高				(2,668)				(2,668)
当 期 変 動 額（純 額）					(170)	12		(158)
当 期 末 残 高				(2,668)	(170)	12		(2,826)
連 結 貸 借 対 照 表								
流 動 資 産	17,000	13,700	30,700					30,700
土 地	8,000	6,000	14,000	1,000				15,000
償 却 性 有 形 固 定 資 産	17,300	9,500	26,800	400		(100)		27,100
子 会 社 株 式	11,200		11,200	(11,200)				0
そ の 他 有 価 証 券	5,950	3,000	8,950					8,950
の れ ん				792		(88)		704
繰 延 税 金 資 産	2,000	1,000	3,000	(560)		40		2,480
合 計	61,450	33,200	94,650	9,568		(148)		84,934
流 動 負 債	(19,000)	(10,700)	(29,700)					(29,700)
固 定 負 債	(18,750)	(9,150)	(27,900)					(27,900)
資 本 金	(15,000)	(8,000)	(23,000)	8,000				(15,000)
利 益 剰 余 金	(10,000)	(5,000)	(15,000)	3,656	200	136		(11,008)
その他の包括利益累計額	1,300	(350)	950	580	(30)			1,500
非 支 配 株 主 持 分				(2,668)	(170)	12		(2,826)
合 計	(61,450)	(33,200)	(94,650)	9,568	0	148		(84,934)

67

連結仕訳を示すと，次のとおりである。（首）は当期首残高，（当）は当期変動額をそれぞれ表す。

1．開始仕訳

(1) X1年度末

（借）	資 本 金	8,000	（貸）	子 会 社 株 式	11,200
	利 益 剰 余 金（首）	3,400		繰 延 税 金 資 産	600
	その他の包括利益累 計 額（首）	600		非支配株主持分（首）	2,580
	償却性有形固定資産	500			
	土 地	1,000			
	の れ ん	880			

繰延税金負債 ＝（500千円＋1,000千円）×0.4＝600千円

非支配株主持分 ＝（8,000千円＋3,400千円＋600千円＋500千円＋1,000千円－600千円）×0.2＝2,580千円

のれん ＝11,200千円－（8,000千円＋3,400千円＋600千円＋500千円＋1,000千円－600千円）×0.8＝880千円

(2) X2年度末

（借）	利 益 剰 余 金（首）	120	（貸）	その他の包括利益累 計 額（首）	20
				非支配株主持分（首）	100

利益剰余金の非支配株主持分への振替額 ＝（4,000千円－3,400千円）×0.2＝120千円

その他の包括利益累計額の非支配株主持分への振替額 ＝（500千円－600千円）×0.2＝－20千円

（借）	利 益 剰 余 金（首）	88	（貸）	の れ ん	88
（借）	繰 延 税 金 資 産	40	（貸）	償却性有形固定資産	100
	利 益 剰 余 金（首）	60			
（借）	非支配株主持分（首）	12	（貸）	利 益 剰 余 金（首）	12

2．非支配株主持分への振替

（借）	非支配株主に帰属する当期純利益	500	（貸）	非支配株主持分（当）	500
（借）	非支配株主持分（当）	300	（貸）	配 当 金	300
（借）	非支配株主持分（当）	30	（貸）	その他の包括利益累 計 額（当）	30

3．のれん償却・評価差額実現

（借）	の れ ん 償 却	88	（貸）	の れ ん	88
（借）	営 業 費 用	100	（貸）	償却性有形固定資産	100
	繰 延 税 金 資 産	40		法 人 税 等	40
	非支配株主持分（当）	12		非支配株主に帰属する当期純利益	12

4．内部取引の相殺

（借）	営 業 外 収 益	1,200	（貸）	配 当 金	1,200

(1)　　　　　投資収益　　　　　　　株式の評価額

① 　　　　　300千円　　　　　　　9,000千円

② 　　　　　900千円　　　　　　　9,600千円

(2)

① 開始仕訳　　　　　　　（仕訳なし）

② 投資差額の償却，評価差額の実現

借　方　科　目	金　　額	貸　方　科　目	金　　額
持 分 法 投 資 損 益	40	関 連 会 社 株 式	40
持 分 法 投 資 損 益	150	関 連 会 社 株 式	150

③ 純利益の計上

借　方　科　目	金　　額	貸　方　科　目	金　　額
関 連 会 社 株 式	900	持 分 法 投 資 損 益	900

④ 配当金の授受

借　方　科　目	金　　額	貸　方　科　目	金　　額
受 取 配 当 金	300	関 連 会 社 株 式	300

解説

(1)② 株式の評価額＝9,000千円＋(3,000千円−1,000千円)×0.3＝9,600千円

(2)② のれん相当額の償却：{10,000千円−(10,000千円＋20,000千円＋500千円＋1,500千円)×0.3}÷10＝40千円

棚卸資産に係る評価差額の実現：500千円×0.3＝150千円

K社（X9年度末）　　　　　決算整理後残高試算表（一部）　　　　　（単位：千円）

建　　　　　　　　物	3,337,782	建 物 減 価 償 却 累 計 額	1,413,778
備　　　　　　　　品	960,000	備 品 減 価 償 却 累 計 額	808,277
ソ フ ト ウ ェ ア	350,000	リース資産減価償却累計額	115,685
リ ー ス 資 産	231,369	リ ー ス 債 務	173,350
維 持 管 理 費 用	128,600	未 払 利 息 （ リ ー ス ）	5,201
建 物 減 価 償 却 費	213,778	資 産 除 去 債 務	351,293
備 品 減 価 償 却 費	76,089		
リ ー ス 資 産 減 価 償 却 費	115,685		
利息費用（資産除去債務）	13,511		
ソ フ ト ウ ェ ア 償 却 費	175,000		
支 払 利 息 （ リ ー ス ）	11,182		

解説

資料に基づいて必要な仕訳を示すと，次のとおりである。

1．建物

当期首における資産除去債務 $= \dfrac{500{,}000千円}{(1+0.04)^{10}} = 337{,}782千円$

| （借）建 物 | 337,782 | （貸）資 産 除 去 債 務 | 337,782 |

当期の建物減価償却費 $= \{(3{,}000{,}000千円 - 1{,}200{,}000千円) + 337{,}782千円\} \div 10年 = 213{,}778千円$

| （借）建物減価償却費 | 213,778 | （貸）建物減価償却累計額 | 213,778 |

当期の利息費用（資産除去債務）$= 337{,}782千円 \times 0.04 = 13{,}511千円$

| （借）利 息 費 用 | 13,511 | （貸）資 産 除 去 債 務 | 13,511 |

2．備品

当期の定率法償却費 $= (960{,}000千円 - 732{,}188千円) \times 0.250 = 56{,}953千円$

償却保証額 $= 960{,}000千円 \times 0.07909 = 75{,}926千円$

定率法償却費＜償却保証額　より，

改訂償却率による当期の備品減価償却費 $= (960{,}000千円 - 732{,}188千円) \times 0.334 = 76{,}089千円$

| （借）備品減価償却費 | 76,089 | （貸）備品減価償却累計額 | 76,089 |

3．ソフトウェア

生産高比例法による当期のソフトウェア償却費 $= 525{,}000千円 \times \dfrac{600個}{2{,}500個} = 126{,}000千円$

定額償却額 $= 525{,}000千円 \div 3年 = 175{,}000千円$

生産高比例法による償却費＜定額償却額　より，定額償却額が当期のソフトウェア償却費となる。

| （借）ソフトウェア償却費 | 175,000 | （貸）ソ フ ト ウ ェ ア | 175,000 |

4．リース資産

維持管理費用を除く利払日ごとの支払リース料 $= 40{,}000千円 \times 0.8 = 32{,}000千円$

リース開始時点における現在価値 $= 32{,}000千円 + \dfrac{32{,}000千円}{1+0.03} + \dfrac{32{,}000千円}{(1+0.03)^2} + \cdots + \dfrac{32{,}000千円}{(1+0.03)^7} = 231{,}369千円$

（半年複利の条件なので，年利率の1／2で8回にわたり複利計算を行う。前払いであるため，第1回の
リース料は割り引く必要はない）

（借）リ ー ス 資 産	231,369	（貸）リ ー ス 債 務	231,369
（借）リ ー ス 債 務	32,000	（貸）支 払 リ ー ス 料	40,000
維 持 管 理 費 用	8,000		

第2回リース料支払いに含まれる支払利息（リース）$= (231{,}369千円 - 32{,}000千円) \times 0.03 = 5{,}981千円$

（借）支 払 利 息（リース）	5,981	（貸）支 払 リ ー ス 料	40,000
リ ー ス 債 務	26,019		
維 持 管 理 費 用	8,000		

当期のリース資産減価償却費 $= 231{,}369千円 \times 0.500 = 115{,}685千円$

| （借）リ ー ス 資 産 減 価 償 却 費 | 115,685 | （貸）リ ー ス 資 産 減 価 償 却 累 計 額 | 115,685 |

未経過の支払利息 $= (231{,}369千円 - 32{,}000千円 - 26{,}019千円) \times 0.03 = 5{,}201千円$

| （借）支 払 利 息（リース） | 5,201 | （貸）未 払 利 息（リース） | 5,201 |

問題 10−7

問1

		X1年度	X2年度
①	満期保有目的債券	980,962　円	990,293　円
②	有価証券利息	38,969　円	39,331　円

問2

	借　方　科　目	金　　　額	貸　方　科　目	金　　　額
1	当　座　預　金	51,000,000	社　　　　　債	49,000,000
			新　株　予　約　権	2,000,000
2	社　債　利　息	1,500,000	当　座　預　金	1,500,000
	社　債　利　息	200,000	社　　　　　債	200,000
3	当　座　預　金	10,000,000	資　　本　　金	5,200,000
	新　株　予　約　権	400,000	資　本　準　備　金	5,200,000

解説

問1

(1) X1年度

満期保有目的債券の期末簿価＝（971,993円×1.02－15,000円）×1.02－15,000円＝980,962円

有価証券利息＝980,962円－971,993円＋（15,000円＋15,000円）＝38,969円

(2) X2年度

満期保有目的債券の期末簿価＝（980,962円×1.02－15,000円）×1.02－15,000円＝990,293円

有価証券利息＝990,293円－980,962円＋（15,000円＋15,000円）＝39,331円

問2

　　区分法に従い，社債と新株予約権を区分経理する。資本金および資本準備金として計上すべき額には，新株予約権の帳簿価額を含める。

問題 10−8

問1

		X1年度	X2年度
①	利息費用	15,000　千円	15,300　千円
②	期待運用収益	10,500　千円	9,800　千円
③	退職給付債務	510,000　千円	575,000　千円
④	年金資産	280,000　千円	296,800　千円
⑤	未認識数理計算上の差異	35,500　千円	84,650　千円
⑥	退職給付引当金	194,500　千円	193,550　千円
⑦	退職給付費用	34,500　千円	42,050　千円

問2

		X1年度	X2年度
①	退職給付に係る負債	230,000　千円	278,200　千円
②	退職給付費用	34,500　千円	42,050　千円
③	その他の包括利益	35,500　千円	49,150　千円
④	その他の包括利益累計額	35,500　千円	84,650　千円

解説

問1

(1) X1年度

利息費用＝500,000千円×3％＝15,000千円

期待運用収益 = 300,000千円 × 3.5% = 10,500千円

退職給付債務 = 500,000千円 + 30,000千円 + 15,000千円 − 35,000千円 = 510,000千円

年金資産 = 280,000千円（時価）

未認識数理計算上の差異

= （年金資産の期首残高300,000千円 + 10,500千円 + 40,000千円 − 35,000千円）− 280,000千円

= 35,500千円

退職給付引当金 = 510,000千円 − 280,000千円 − 35,500千円 = 194,500千円

退職給付費用 = 30,000千円 + 15,000千円 − 10,500千円 = 34,500千円

(2) X2年度

利息費用 = 510,000千円 × 3% = 15,300千円

期待運用収益 = 280,000千円 × 3.5% = 9,800千円

退職給付債務 = 575,000千円（再計算後の現在価値）

年金資産 = 280,000千円 + 9,800千円 + 43,000千円 − 36,000千円 = 296,800千円

未認識数理計算上の差異

= 年金資産に係る X1年度発生分（35,500千円 − 3,550千円）

+ 退職給付債務に係る X2年度発生分（575,000千円 − （510,000千円 + 33,000千円 + 15,300千円

− 36,000千円））= 84,650千円

退職給付引当金 = 575,000千円 − 296,800千円 − 84,650千円 = 193,550千円

退職給付費用 = 33,000千円 + 15,300千円 − 9,800千円 + 3,550千円 = 42,050千円

問2

(1) X1年度

退職給付に係る負債 = 510,000千円 − 280,000千円 = 230,000千円

退職給付費用 = 34,500千円（個別上の金額と同じ）

その他の包括利益 = 35,500千円（当期発生分）

その他の包括利益累計額 = 35,500千円

(2) X2年度

退職給付に係る負債 = 575,000千円 − 296,800千円 = 278,200千円

退職給付費用 = 42,050千円

その他の包括利益 = X1年度発生分の組替調整額（− 3,550千円）+ X2年度発生分（52,700千円）

= 49,150千円

その他の包括利益累計額 = 期首残高35,500千円 + 当期増減額（純額）49,150千円 = 84,650千円

問題 10-9

P社（20X4）　　　　　　　　連結貸借対照表　　　　　　（単位：千円）

流　動　資　産	671,000	流　動　負　債	460,000
固　定　資　産	1,081,000	固　定　負　債	510,000
（　の　れ　ん　）	11,880	資　本　金	500,000
		利　益　剰　余　金	257,140
		その他の包括利益累計額	10,340
		（非支配株主持分）	26,400
	1,763,880		1,763,880

P社（20X5）		連結貸借対照表		（単位：千円）
流　動　資　産	940,000	流　動　負　債		692,500
固　定　資　産	1,190,000	固　定　負　債		587,500
（　の　れ　ん　）	12,000	資　　本　　金		500,000
		利　益　剰　余　金		303,380
		その他の包括利益累計額		26,620
		（非 支 配 株 主 持 分）		32,000
	2,142,000			2,142,000

1．20X4年度

20X3年度末におけるS社に生じるのれんは，次のようになる。

　　1,000千ドル－((600千ドル＋400千ドル)＋100千ドル)×0.8＝120千ドル

したがって，1年当たりの償却費は，120千ドル÷10年＝12千ドルとなる。

連結に先立ち，S社のドル建貸借対照表を円建てに換算すると次のようになる。

S社（20X4）		換算後貸借対照表		（単位：千円）
流　動　資　産	1,100×110＝ 121,000	流　動　負　債	1,000×110＝	110,000
固　定　資　産	2,100×110＝ 231,000	固　定　負　債	1,000×110＝	110,000
の　れ　ん	108×110＝ 11,880	資　　本　　金	600×100＝	60,000
		利　益　剰　余　金		
		X3　　　　　末	400×100＝	40,000
		X4　増　　加	100×105＝	10,500
		X4のれん償却	－12×105＝	－1,260
		評　価　差　額	100×100＝	10,000
		のれん評価勘定	120×100＝	12,000
		為替換算調整勘定		
		株主資本（X3）	1,100×（110－100）	
		株主資本（X4）	＋100×（110－105）＝	11,500
		の れ ん（X3）	120×（110－100）	
		の れ ん（X4）	－12×（105－100）＝	1,140
	363,880			363,880

連結仕訳は，次のようになる。

	（借）	資　本　金	60,000	（貸）	S　社　株　式	100,000
		利 益 剰 余 金	40,000		非支配株主持分	22,000
		評　価　差　額	10,000			
		のれん評価勘定	12,000			
	（借）	利 益 剰 余 金	2,100	（貸）	非支配株主持分	2,100

　X4年利益剰余金の非支配株主持分への振替額＝10,500×0.2＝2,100

	（借）	為替換算調整勘定	2,300	（貸）	非支配株主持分	2,300

　X4年為替換算調整勘定の非支配株主持分への振替額＝11,500×0.2＝2,300

　なお，非支配株主持分へは，のれんに係る利益剰余金および為替換算調整勘定は振り替えないことに留意する。

2．20X5年度

同様に，20X5年度のS社の換算後貸借対照表を作成すると，次のようになる。

S 社 （20X5）　　　　　　　　　　換算後貸借対照表　　　　　　　　　（単位：千円）

流　動　資　産	$1,600 \times 125 =$	200,000	
固　定　資　産	$2,400 \times 125 =$	300,000	
の　れ　ん	$96 \times 125 =$	12,000	
流　動　負　債	$1,220 \times 125 =$	152,500
固　定　負　債	$1,500 \times 125 =$	187,500
資　本　金	$600 \times 100 =$	60,000
利　益　剰　余　金		
X3 末	$400 \times 100 =$	40,000
X 4 増 加	$100 \times 105 =$	10,500
X 5 増 加	$80 \times 120 =$	9,600
X4のれん償却	$-12 \times 105 =$	$-1,260$
X5のれん償却	$-12 \times 120 =$	$-1,440$
評　価　差　額	$100 \times 100 =$	10,000
のれん評価勘定	$120 \times 100 =$	12,000
為替換算調整勘定		
株主資本（X3）	$1,100 \times (110-100)$	
株主資本（X4）	$+100 \times (110-105) =$	11,500
株主資本（X5）	$1,200 \times (125-110)$	
	$+80 \times (125-120) =$	18,400
の れ ん（X3）	$120 \times (110-100)$	
の れ ん（X4）	$-12 \times (110-105) =$	1,140
の れ ん（X5）	$108 \times (125-110)$	
	$-12 \times (125-120)$	1,560

左側合計　512,000　　右側合計　512,000

連結仕訳は，次のようになる。

（借）	資　　本　　金	60,000	（貸）	S　社　株　式	100,000
	利　益　剰　余　金	42,100		非支配株主持分	26,400
	評　価　差　額	10,000			
	のれん評価勘定	12,000			
	為替換算調整勘定	2,300			
（借）	利　益　剰　余　金	1,920	（貸）	非支配株主持分	1,920

X5年度利益剰余金の非支配株主持分への振替額 $= 9,600 \times 0.2 = 1,920$

（借）	為替換算調整勘定	3,680	（貸）	非支配株主持分	3,680

X5年度為替換算調整勘定の非支配株主持分への振替額 $= 18,400 \times 0.2 = 3,680$

問題 10-10

A社個別貸借対照表（吸収合併後）　　　（単位：百万円）

諸　　資　　産	（ 13,470 ）	諸　　負　　債	（ 3,900 ）
の　　れ　　ん	（ 0 ）	資　　本　　金	（ 5,000 ）
		資　本　剰　余　金	（ 2,700 ）
		利　益　剰　余　金	（ 1,870 ）
		評価・換算差額等	（ 0 ）
	（ 13,470 ）		（ 13,470 ）

諸　　資　　産	（ 13,470 ）	諸　　　負　　　債	（ 3,900 ）
の　　れ　　ん	（ 80 ）	資　　本　　金	（ 5,000 ）
		資　本　剰　余　金	（ 2,700 ）
		利　益　剰　余　金	（ 1,950 ）
		その他の包括利益累計額	（ 0 ）
	（ 13,550 ）		（ 13,550 ）

解説

(1)　A社個別貸借対照表

　段階取得の場合，連結上は支配獲得日において取得の対価を（過年度に取得していたものも含めて）時価評価するが，個別上は取得の対価を帳簿価額の累計額とする。外部アドバイザーに対する報酬150百万円は，平成27年4月1日以降に開始する事業年度から適用される平成25年改正企業会計基準第21号によると，取得の対価には含めないこととされているので，費用処理（本問では利益剰余金の減少として処理）されることになる。

　　　　個別上の取得の対価＝200百万円＋2,700百万円＝2,900百万円
　　　　負ののれん（利益剰余金の増加）＝承継純資産（3,920百万円－1,000百万円）－取得の対価2,900百万円
　　　　　　　　　　　　　　　　　　　＝20百万円

　したがって，企業結合に係る仕訳は，次のとおり。

（借）	利　益　剰　余　金	150	（貸）	諸　　資　　産	150
（借）	諸　　資　　産	3,920	（貸）	諸　　負　　債	1,000
	評価・換算差額等	100		その他有価証券	300
				資　本　剰　余　金	2,700
				利　益　剰　余　金	20

(2)　A社連結貸借対照表

　その他有価証券に係る評価・換算差額等は，段階取得に係る差益（利益剰余金）とされる。

　　連結上の取得の対価＝300百万円＋2,700百万円＝3,000百万円

　　のれん＝取得の対価3,000百万円－承継純資産（3,920百万円－1,000百万円）＝80百万円

　したがって，企業結合に係る個別上と連結上の仕訳は，次のとおり。

（借）	利　益　剰　余　金	150	（貸）	諸　　資　　産	150
（借）	諸　　資　　産	3,920	（貸）	諸　　負　　債	1,000
	評価・換算差額等	100		その他有価証券	300
	の　　れ　　ん	80		資　本　剰　余　金	2,700
				利　益　剰　余　金	100

INFORMATION

検定情報ダイヤル

日本商工会議所では，検定試験に関する様々な
お問い合わせに対応していくため，検定情報ダ
イヤルを設置しています。
試験概要，試験日程，受験料，申し込み方法、
場所等のお電話によるお問い合わせの場合は，
下記電話番号までご連絡下さい。

050-5541-8600

受付時間◆9:00～20:00（年中無休）

検定試験に役立つ情報がインターネットに満載

https://www.kentei.ne.jp

今すぐ，アクセスを!!